ABU SIMBEL
Una breve guía para visitar los templos

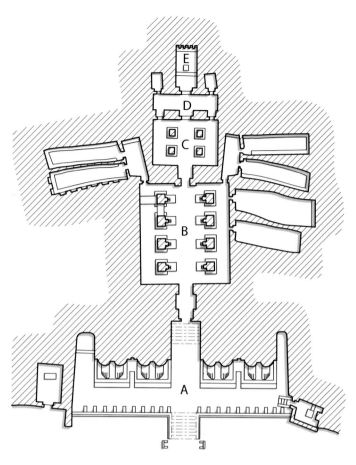

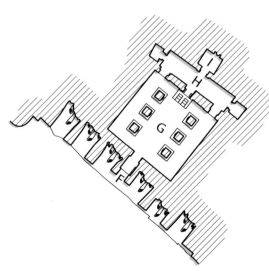

Plano de la planta de los dos templos: (A) la terraza y la fachada del Gran Templo; (B) la gran sala hipóstila; (C) la segunda sala hipóstila; (D) el vestíbulo; (E) el santuario; (F) la fachada del Templo Menor; (G) la sala hipóstila; (H) el vestíbulo; (I) el santuario.

ABU SIMBEL

Una breve guía para visitar los templos

Nigel Fletcher-Jones

The American University in Cairo Press

Cairo   New York

This edition first published in 2021 by
The American University in Cairo Press
113 Sharia Kasr el Aini, Cairo, Egypt
One Rockefeller Plaza, New York, NY 10020
www.aucpress.com

Extracted and condensed from *Abu Simbel and the Nubian Temples,* first published in English in 2019 by the American University in Cairo Press
Protected under the Berne Convention

Dar el Kutub No. 10201/19
ISBN 978 977 416 950 2

Dar el Kutub Cataloging-in-Publication Data

Fletcher-Jones, Nigel
    A Short Guide to Abu Simbel: Spanish Edition/Nigel Fletcher-Jones.— Cairo: The American University in Cairo Press, 2021.
    p.   cm.
    ISBN 978 977 416 950 2
    1.   Egypt—Antiquities
    2.   Abu Simbel (Egypt)—guidebooks
    932

1 2 3 4 5   25 24 23 22 21

Designed by Sally Boylan
Printed in China

CONTENIDO

En el Lago Nasser, próximo a Abu Simbel.

1 | COMPRENDER ABU SIMBEL

Los templos excavados en la roca en Abu Simbel ocupan un lugar especial en la imaginación de arqueólogos y viajeros.

Cuando el explorador suizo Johann Ludwig Burckhardt (1784-1817) anunció al mundo el descubrimiento del Gran Templo de Abu Simbel, solo la parte superior de las estatuas colosales era visible (el Templo Menor se veía ya desde el río en esta época y los lugareños llevaban usándolo como refugio para los animales desde hacía siglos).

Poco después, Giovani Battista Belzoni (1778-1823), un aficionado a la ingeniería hidráulica, forzudo de espectáculos de circo y artista reconvertido en explorador, siguiendo el informe de Burckhardt, consiguió excavar el acceso al Gran Templo, en el que entró el 1 de agosto de 1817. Y así, la historia de Abu Simbel comenzó gradualmente a revelarse.

Tal y como se sabría más tarde una vez que el lenguaje jeroglífico se descifró poco después en el siglo XIX, lo que Burckhardt había encontrado y Belzoni había excavado parcialmente eran los templos tallados por orden de uno de los hombres más importantes del mundo antiguo, el faraón Ramsés II, que reinó aproximadamente entre 1265 y 1200 a. C.

No sabemos con exactitud porqué los templos fueron excavados en Abu Simbel. Nadie fue enterrado allí, por ejemplo. Probablemente tuvo que ver que las dos colinas de arenisca estaban ya asociadas al dios Horus y a la diosa Hathor antes de la construcción de los templos. Además, parece que Ramsés y sus altos funcionarios locales tenían un interés particular por los templos excavados o parcialmente excavados en los acantilados de las márgenes del río. Quizás este gusto estuvo en parte relacionado con los antiguos mitos egipcios de la creación que se centran en un montículo o colina que emerge de las aguas primordiales.

Sin embargo, apenas hay duda de que uno de los propósitos del Gran Templo fue intimidar tanto a la gente de la zona como a aquellos que navegando por el Nilo pasaban frente a los templos. Las estatuas colosales del rey, decoradas con vivos colores, contra los acantilados de arenisca debieron causar gran impresión en los comerciantes que iban rio abajo a través de Nubia.

El término «Nubia» podría derivar de la palabra del egipcio antiguo *nwb*, que significa oro. Abu Simbel quedaba en la ruta comercial que traía los preciados productos africanos hasta la tierra de Egipto, cuya frontera tradicional estaba en la planicie de granito que obstaculiza el curso del Nilo («la Primera Catarata») en la moderna Asuán. Allí, en la Isla de Elefantina (la antigua Abw, una parte de la ciudad conocida en griego como «Syene»), las mercancías se comerciaban.

Todo parece indicar que Ramsés II estaba haciendo una clara advertencia desde este desolado lugar: «Ahora estáis en Egipto y aquí yo soy rey y dios».

Pero en Abu Simbel hay más.

Los dos templos juntos representan uno de los pocos ejemplos del antiguo Egipto de templos construidos en el mismo lugar para marido y mujer. Ramsés II tuvo muchas esposas y probablemente un centenar de hijos en su larga vida, y sin embargo fue Nefertiry (a veces escrito «Nefertari») no solo gran esposa sino la favorita del rey, tal y como se deduce de la dedicación del Templo Menor a su gran esposa Nefertiry, así como de la gloriosa tumba que se le construyó en el Valle de las Reinas, en la orilla opuesta a la antigua Tebas (la actual Luxor). Este punto de vista se refuerza por la presencia de las estatuas colosales de Nefertiry fuera del Templo Menor, que son casi tan altas como las de Ramsés II —aunque él dispuso de cuatro estatuas y la reina de dos.

Probablemente otras reinas se representaron también en Abu Simbel, así como príncipes y princesas, pero Nefertiry gozó de un lugar privilegiado como madre del primogénito del rey, Amenhirwenemef.

Cuando los templos fueron explorados por primera vez en 1817, los nombres y las personalidades de los reyes, dioses y diosas del antiguo Egipto eran prácticamente desconocidos. Los primeros visitantes europeos habían leído la descripción de Egipto del antiguo historiador griego Heródoto —que debió visitar Egipto alrededor del 450 a. C.— y los trabajos de otros cronistas del mundo clásico mediterráneo por lo que los nombres de los dioses principales como Amón, Osiris y Horus les resultaban familiares. La diosa Isis fue bien conocida durante siglos ya que su culto se había extendido ampliamente por los mundos griego y romano. Además, en esta misma época, algunos creían —aunque no necesariamente con gran convicción— que la temida y antigua diosa Sekhmet, con cabeza de león y cuerpo de mujer, era una entidad astrológica que combinaba Leo y Virgo.

Hoy en día podemos identificar a todos los dioses y diosas de Abu Simbel. Sin embargo, no tenemos tanta certeza sobre los rituales que allí se debieron llevar a cabo, aunque las inscripciones, documentos y decoraciones de otros templos son de gran ayuda.

Parte de esta imprecisión heredada se debe a que ni la élite árabe, que llegó a Egipto y Nubia entre el 639-642 a. C., ni los turcos otomanos (1517) consideraron al Egipto antiguo como parte de su herencia cultural.

Sin embargo, la mayor pérdida de conocimiento del pasado faraónico se debió a la llegada temprana

Abu Simbel, de la obra de Belzoni *Narrative of the Operations and Recent Discoveries Within the Pyramids, Temples, Tombs and Excavations in Egypt and Nubia* (Londres, 1820).

del cristianismo a Egipto (tradicionalmente de mano del apóstol Marcos, que se cree que desembarcó en Alejandría sobre el año 50 d.C.). Cuando el cristianismo se afianzó, parece que hubo una limitada asimilación de la vieja religión en la nueva, aunque algunas tradiciones y festividades antiguas han sobrevivido en Egipto hasta nuestros días.

En el Egipto cristiano, muchos templos fueron convertidos, total o parcialmente, en iglesias y las imágenes de los dioses antiguos fueron mutiladas o cubiertas con yeso (que casualmente las preservó para las generaciones posteriores). El conocimiento del significado de las inscripciones jeroglíficas se perdió, aunque el egipcio antiguo en sí sobrevivió bajo una forma bastante modificada en la liturgia de la Iglesia cristiana copta.

En la antigua Nubia, que comprende la vasta extensión de tierra que flanquea el Nilo desde la Primera Catarata en Asuán hasta unos 970 kilómetros (600 millas) hacia el sur, donde se sitúan los templos de Abu Simbel, la vieja religión sobrevivió más tiempo que en Egipto, que se convirtió completamente al cristianismo tras el edicto del emperador Teodosio I en el año 394. El emperador bizantino Justiniano puso definitivamente fin al culto en Filé, al sur de Asuán, en el año 535. Aquí también, a la larga, los viejos templos a los dioses fueron convertidos en iglesias, mutilados o simplemente abandonados al desierto.

Pese a esta pérdida de conexión directa con el pasado, en Abu Simbel podemos identificar correctamente a los dioses asociados a los templos —principalmente Ra-Horakhty (dios del sol de mediodía) y Hathor (diosa de la feminidad e hija de Ra), pero también al rey Ramsés II, que recibió culto como un dios durante toda su vida.

En Abu Simbel, Ramsés II podía adorarse a sí mismo, tal y como se le ve haciendo en varios lugares de las salas de los templos. Así, en el santuario del Gran Templo, aparece sentado junto a Ptah (dios creador y patrón de la capital egipcia Menfis), Amón-Ra (dios supremo adorado en Tebas) y Ra-Horakhty («Ra el que vuela alto en los horizontes»), a quien estaba dedicado el Gran Templo.

Estas cuatro figuras sedentes son iluminadas por los rayos del sol del amanecer dos veces al año, el 21/22 de febrero y el 21/22 de octubre. Aunque se ha especulado mucho sobre esto, lo cierto es que simplemente no sabemos si se diseñó así o si fue fruto de la casualidad. Los antiguos ingenieros egipcios tenían la capacidad y el grado de precisión suficiente para iluminar el santuario de esta forma, pero no hay evidencia textual que respalde la idea de que estas fechas tenían un significado especial. La noción de que realmente pudo haber tal significado solo parece haber adquirido fundamento cuando lo templos fueron trasladados a su ubicación actual en la década de 1960.

Gran parte de la decoración en la primera sala hipóstila del Gran Templo está dedicada a la destreza de Ramsés II en la guerra. Se le puede ver en diferentes poses como vencedor sobre sus enemigos. En las paredes del lado izquierdo, se representa la derrota de los «libios» (oriundos de la frontera noroeste de

Egipto) junto a sirios e hititas, un pueblo de Anatolia (hoy Turquía central), ambos al nordeste de Egipto. El todo poderosos rey también aparece subyugando a los nubios de la frontera meridional. Se trata de una temática recurrente en los templos construidos por Ramsés II (y por sus predecesores y sus sucesores), así como parte de la narrativa de la batalla de Kadesh (Qadesh), que ocupa toda la pared derecha de la primera sala hipóstila del Gran Templo en forma de tira de cómic.

El sol ilumina la gran sala hipóstila del Gran Templo.

La batalla de Kadesh fue claramente un momento extraordinario en la vida de Ramsés II. Siguiendo los pasos de su padre Seti I (que reinó entre 1276 y 1265 a. C.), trató de asegurar este enclave estratégico en Siria frente a las fuerzas del Imperio hitita, que se había extendido desde su patria en Anatolia y amenazaba los intereses egipcios en la región. La historia de la batalla, narrada en detalle desde la perspectiva egipcia en muchos enclaves a lo largo de Egipto, es fascinante y naturalmente se centra en el papel del faraón. Pero la narrativa egipcia no menciona que la batalla fue, en el mejor de los casos, un empate y que Kadesh permaneció en manos hititas. Por el contrario, lo que se enfatiza siempre es la valentía personal y genuina del rey egipcio para evitar una derrota y lograr una gloriosa «victoria».

En ambos templos, todo énfasis bélico se dejó en el patio exterior. Esta disposición es consistente con el patrón general de los templos egipcios antiguos que, desde el exterior hacia el interior, representan la transición del caos al orden, de la luz a la oscuridad y del plano humano al divino.

En la segunda sala hipóstila del Gran Templo, y más al interior hacia el santuario (áreas únicamente accesibles para los sacerdotes profesionales y sus acólitos que realizaban los rituales ante los dioses en representación del rey), el tema central es la cercanía del rey a los dioses que estuvieron siempre presentes en la vida egipcia, así como la habilidad del rey para apaciguarlos y comunicarse con ellos, a veces como su igual y otras veces como subordinado.

En el vestíbulo de cada templo, el sumo sacerdote, los sacerdotes y los acólitos, presentarían ofrendas de comida y bebida tres veces al día (mañana, mediodía y noche) a los principales dioses del templo.

Al mismo tiempo, el sumo sacerdote rompería el sello de las puertas del santuario y entraría, probablemente solo, para atender ritualmente a los dioses que se creía que vivían de alguna manera, y quizás solo en ese momento, en las estatuas policromadas talladas en la piedra de la montaña. Los rituales habrían incluido oraciones y el uso intenso de incienso.

Cuando los rituales se completaban, se eliminaba todo rastro de haber entrado en el santuario y las puertas se volvían a sellar.

La paz volvía a los templos.

Sobre el libro

Este breve libro pretende servir como guía al visitante para que pueda descubrir más sobre lo realmente importante de los templos antes de entrar o mientras los visitan.

Al explicar lo que es principal sobre los templos, he intentado limitar la jerga arqueológica y egiptológica al mínimo, pero allí donde no se puede evitar, he tratado de aclarar los términos de inmediato.

Nota sobre cronología

Antes del 690 a. C. aproximadamente, no existen fechas exactas de acontecimientos en la historia antigua de Egipto.

En sus crónicas, los antiguos egipcios medían el paso anual del tiempo por «años de reinado», es decir, el número de años que el entonces rey había ocupado el trono. Así pues, a lo largo de este libro, un acontecimiento en la vida de Ramsés II se data simplemente como «en el año X de su reinado» o «en el año X».

En torno al año 300 a. C., el sacerdote egipcio Manetón, que escribía en griego, intentó poner orden en la larga historia de la realeza de Egipto agrupando a los monarcas en treinta dinastías basadas en los lazos familiares o políticos de los faraones. Tal vez no hace falta decir que esta lista ha generado mucha polémica desde entonces: otra dinastía se introdujo al final; se cree que algunos reyes probablemente no existieron; y otros reyes de los que sí tenemos constancia por el registro arqueológico no están incluidos en la lista. Por tanto, no hay una base firme para establecer los reinados de los faraones con cierto grado de precisión.

Así pues, mientras que la fecha del reinado de Ramsés II se establece aquí como 1265-1200 a. C., el lector encontrará períodos diferentes igual de certeros en otros libros, como por ejemplo 1290-1223 a. C. y 1279-1212 a. C. Considerando la amplia duración del Estado egipcio, una discrepancia cronológica tan pequeña se puede perdonar.

Quede constancia que Ramsés II fue miembro de la dinastía XIX, que comenzó cuando su abuelo Ramsés I, un ex general, se convirtió en rey en torno al 1278 a. C. y que duró hasta el final del reinado de la reina-faraón Tawosret en torno al 1176 a. C.

Como era de esperar, la dinastía XIX siguió a la dinastía XVIII (en torno al 1540-1278 a. C.), que fue uno de los períodos con más renombre y a la vez más turbulentos de la historia antigua de Egipto. Algunos de los faraones más famosos pertenecieron a esta dinastía, incluyendo a (la reina-faraón) Hatshepsut, Akhenaton y Tutankhamon. Los egiptólogos incluyen ambas dinastías en una más amplia y conveniente subdivisión de la extensa historia de Egipto, el Reino Nuevo, que abarca desde el 1540 a. C. al 1078 a. C. más o menos.

Estas grandes divisiones comienzan con la formación del Estado egipcio en el *Período Predinástico* (aproximadamente en torno al 2900-2580 a. C.), seguido por el *Reino Antiguo* (2580-2120 a. C.); un período inestable conocido como *Primer Período Intermedio* (2120-2010 a. C.); el *Reino Medio* (2010-1660 a. C.); el *Reino Nuevo* (1540-1078 a. C.); el *Tercer Período Intermedio* (1078-664 a. C.); el *Período Saíta* (664-525 a. C., llamado así después de que la ciudad de Sais, en el Delta occidental, se convirtiera en capital); y el *Período Tardío* (525-332 a. C.), que vio una creciente intervención de los persas hasta que finalmente tomaron control de Egipto en el año 342 a. C. Los persas fueron derrotados en el año 332 a. C. por Alejandro Magno, que inauguró el *Período Helenístico* (332-30 a. C., incluyendo el reinado de los griegos Ptolomeos) y que duró hasta el *Período Romano* (del 30 a. C. hasta el 395 d. C.).

Estas divisiones son útiles para tener una visión a gran escala de la historia antigua de Egipto, pero ya que ningún respetable egipcio se despertó durante el reinado de Ramsés II pensando que vivía bajo la dinastía XIX del Reino Nuevo, he optado por usar el marco temporal más usual a. C. (antes de Cristo) y d.C. (después de Cristo) y el año del reinado del faraón en este libro.

2 | EL GRAN TEMPLO Y EL TEMPLO MENOR

Ramsés II era tanto un constructor prolífico de templos nuevos como un renovador de aquellos construidos por sus antecesores. Su nombre, con la forma de un cartucho (un nombre real escrito en jeroglíficos dentro de una forma oval con una línea en uno de los extremos), aparece por todo Egipto, a menudo grabado tan profundamente que sería muy difícil para cualquier sucesor real eliminarlo, aunque en los siglos posteriores alguno sí lo consiguió.

Varios templos se construyeron, completaron y modificaron en la Baja Nubia (la zona norte de Nubia, inmediatamente al sur de Asuán) durante su reinado, incluyendo Beit al-Wali, Gerf Hussein, Wadi al-Sebua, Derr y Abu Simbel. De todos ellos, los más famosos y en los que más se involucró tanto en planificación como en ejecución fueron el Gran Templo y el Templo Menor en Abu Simbel.

Los templos nubios tuvieron un propósito mixto. Por un lado, debieron servir como propaganda, para intimidar a la población nubia y a los comerciantes que pasaban

al proclamar la superioridad egipcia; por otro lado, parece que mostraron la voluntad del Estado egipcio de adaptarse a las condiciones y creencias de la zona, con la representación de los dioses locales, y así «asimilar» a sus vecinos sureños. Quizás se puede ver esto en la presencia ubicua de Amón en los templos, especialmente en el Gran Templo que estaba directamente asociado con el templo nubio de Amón en Gebel Barkal (muy al sur, en la moderna Sudán), y en la presencia constante del trio divino formado por el dios Khhnum y las diosas Anukis y Satis, cuyo centro de culto estaba en la isla de Elefantina en Asuán (ver el capítulo 3 para una breve descripción de los dioses principales asociados con los templos de Abu Simbel).

Por esta época, los templos seguían un plan más o menos estandarizado y estaban excavados, total o parcialmente, en las laderas rocosas o bien se alzaban independientes. Ramsés II parece que tuvo preferencia por los templos total o parcialmente excavados en la roca en Nubia —en el santuario, la estancia más interior

El exterior del Gran Templo.

9

y alejada de la puerta, los dioses también estaban tallados en la roca y luego cubiertos de yeso y pintados. Esta característica de la arquitectura de los templos pudo estar relacionada con un mito de la creación egipcio en el que los dioses vivían y venían al mundo desde un montículo primigenio. Del mismo modo, en el caso de los templos parcialmente excavados en la roca, la zona exterior pudo haber sido deliberadamente destinada a simbolizar el mundo humano y el interior excavado el mundo divino.

La ubicación de estos templos nubios excavados en la roca de Ramsés II también pudo estar determinada por un viaje simbólico del faraón hacia el sur mientras adoraba al dios del sol Ra, el dios principal de Egipto y de Nubia.

Se desconoce hasta que punto este posible patrón responde a un «plan maestro», ya que algunos templos fueron construidos por el rey y otros en su honor por sus virreyes (gobernadores) en Nubia.

Todos los templos excavados en roca comparten las mismas características arquitectónicas: un portal o un «pilono» (entrada monumental que consiste en dos torres con forma trapezoidal y una puerta en el centro), con estatuas colosales del rey a ambos lados; una primera sala con pilares o un patio abierto que a menudo conduce a una segunda sala con pilares; a continuación, por lo general, un vestíbulo (una habitación donde se realizaban los rituales y ofrendas antes de entrar en el santuario); y al fondo del templo, tres habitaciones siendo la central el santuario del dios o dioses a los que estaba dedicado el templo. La mayoría de los templos, igual que en Abu Simbel, tenían almacenes adicionales donde se guardaban ofrendas o posibles tributos de la población nubia para el rey.

Para realzar la atención en el santuario, las habitaciones del templo se hacían más pequeñas conforme se aproximaban a él, y los suelos y los techos se tallaban ligeramente inclinados hacia arriba y hacia abajo respectivamente. Además, los templos estaban diseñados para que la luz del sol cubriera completamente la entrada, pero solo un mínimo de luz llegara al santuario.

Los relieves asociados con los templos de la Baja Nubia son esencialmente de dos tipos: escenas militares del rey golpeando a los enemigos de Egipto (por tanto, garantizando la seguridad del Estado y manteniendo bajo control las fuerzas del caos), que se localizan generalmente en los muros exteriores y en la primera sala; y escenas en las que el rey interactúa con los dioses (manteniendo de este modo el orden y la seguridad para la gente), que se encuentran en las habitaciones interiores próximas al santuario. Todas las escenas y estatuas se enlucían con yeso y se pintaban en vivos colores, principalmente con la paleta favorita de Ramsés II en negro, rojo y amarillo.

Las escenas militares en las paredes norte y sur tienden a representar batallas en el norte y en el sur respectivamente. Estas escenas no estaban necesariamente destinadas a representar hechos históricos, con excepción de la muy repetida escena de la batalla de Kadesh en los templos construidos por Ramsés II, que tuvo lugar en los primeros años de su reinado.

En todos los templos nubios, se puede encontrar a Ramsés II adorándose a sí mismo bajo la forma de un dios (su «yo divinizado»). Es posible que esta auto-adoración la haya copiado, en parte, de los templos nubios de Amenhotep III (también conocido con el nombre griego de Amenofis III, que reinó en torno al 1377-1337 a. C.) al el sur en Soleb —aunque este concepto había surgido incluso antes durante el reinado de la reina-faraón Hatshepsut. Resulta interesante que Amenhotep III también hubiera construido un templo a su esposa principal Tiye en Sadeinga, donde la reina tomó la forma de las diosas Hathor y Tefnut. Por muchas razones, parece plausible sugerir que Ramsés II pudo considerar a Amenhotep III como una especie de modelo real a seguir.

El Gran Templo

El Gran Templo en Abu Simbel se excavó 60 metros (200 pies) dentro de una colina que ya estaba consagrada a Horus de Maha (una forma local del dios Horus).

En el templo se dedicó principalmente al dios Ra-Horakhty (cuyo centro de culto estaba en Heliópolis, cerca de El Cairo moderno), con Amón-Ra (cuyo centro principal de culto estaba en Tebas, la actual Luxor), Ramsés II en su forma divina y el dios Ptah (adorado en Menfis, al sureste de El Cairo, cerca de las pirámides de Sakkara) como dioses secundarios.

En el lugar de la colina que los arquitectos y sacerdotes consideraron apropiado, la fachada de la roca se cortó para que pareciera el pilono (entrada con dos torres trapezoidales y una puerta en el centro) de un templo independiente. La entrada al templo de Luxor, también con estatuas colosales de Ramsés II, da una buena idea de lo que se pretendía imitar.

Las dos torres del pilono pudieron representar torres de vigía para mantener a raya a los intrusos y el caótico mundo cotidiano. A la vez, parecen imitar la forma del *akhet* o el signo jeroglífico del horizonte ⌂ poniendo de manifiesto la importancia de la luz del sol en el diseño, que baña el pilono con sus rayos, pero se mantiene alejado de las zonas más internas y ocultas del templo.

Este papel de la luz del sol se puede apreciar mejor al amanecer en Abu Simbel, cuando la línea de luz comienza a descender por la fachada del templo.

Primero se ilumina la fila de babuinos que saludan al sol naciente.

Después, dos hileras de jeroglíficos. La línea superior está formada por los cartuchos del rey con una cobra a cada lado. La serie inferior incluye los títulos del rey dispuestos simétricamente desde el centro hacia los lados. Aquí, la inscripción identifica a Ramsés con el dios Horus y como el toro poderoso de Egipto: «Horus vivo. El toro poderoso amado de la Verdad. Rey del Alto y del Bajo Egipto. Poderoso en justicia es Ra. Elegido de Ra. Hijo de Ra. Ramsés, amado de Amón». La inscripción continúa en el lado sur (izquierdo): «Amado de Amón-Ra, rey de los dioses», y en el lado norte (derecha): «Amado de Ra-Horakhty, el gran dios».

A continuación, las cabezas de 21 metros (69 pies) de las estatuas colosales de Ramsés II se iluminan, mostrando la doble corona del Alto y Bajo Egipto y la cobra sagrada (uraeus ⧸) delante del tocado de tela de rayas *nemes*. Entre los dos conjuntos de cabezas reales se encuentra una estatua de Ra-Horakhty («Ra el que vuela alto en los horizontes») tocado con un disco solar.

En su mano derecha, Ra-Horakhty sostiene el signo con cabeza de chacal para «poder» (*user*) y, en la izquierda, una figura de la diosa de la verdad y la justicia, Maat. En conjunto, la imagen detalla parte del nombre de entronización de Ramsés II: «User–maat–Ra» («la justicia de Ra es poderosa», que al completo es «Usermaatra-Setpenra», añadiendo «elegido de Ra»). A ambos lados, Ramsés II ofrece una figura de Maat (𓐙) a Ra-Horakhty y a su propio nombre.

Cada una de las estatuas colosales tiene un nombre inscrito en el hombro del rey que proclama diferentes aspectos de Ramsés II. De izquierda a derecha se lee «el sol de los gobernantes», «el gobernante de las Dos Tierras», «el amado de Amón» y «el amado de Atum».

A ambos lados, a la altura de las rodillas de los colosos, el sol brilla sobre nuevas estatuas. Se trata de miembros de la familia del rey, incluyendo sus hijos mayores —lo que nos lleva a creer que la construcción

Sobre la puerta de acceso, Ra-Horakhty sostiene el símbolo *user* con la mano derecha y el símbolo *maat* de la verdad y la justicia con la mano izquierda, representando el nombre de entronización de Ramsés II, User-maat-Ra ("la justicia de Ra es poderosa").

La reina Nefertiry situada junto a la primera estatua colosal de Ramsés II al norte.

del templo comenzó en torno al año 5 del reinado de Ramsés.

El coloso más al sur está acompañado de las estatuas de las hijas de Ramsés II: Nebettawy, una hija sin nombre y Bintanat. A la derecha, el segundo coloso tiene las estatuas de la madre del rey Tuy, de su hijo primogénito Amonhirwenemef y de la madre de éste, la primera (co-)gran esposa de Ramsés II, Nefertiry.

Al otro lado de la entrada principal, Nefertiry aparece de nuevo con el príncipe Ramsés y otra hija, Bakmut. Por último, junto al coloso más al norte, aparece la reina madre Tuy por segunda vez, con la princesa Meryetamon y su madre Nefertiry. La fachada al completo es por tanto un monumento a toda la familia real, un concepto que parece que se introdujo por primera vez en la dinastía XIX.

En este punto del amanecer, los rayos del sol penetrarían en el templo por la entrada. Durante la mayor parte del año, la luz no llegaría muy adentro del edificio. Sin embargo, dos veces al año los rayos del sol atravesarían todo el templo e iluminarían el santuario.

Finalmente, frente a los colosos, se dispone una terraza con una fila de estatuas alternas de Ramsés II y halcones que representan a Ra-Horakhty. Estos son los últimos elementos del conjunto en ser iluminados por los rayos del sol.

Es probable que durante el reinado de Ramsés II solo se pudiera llegar al Gran Templo desde el río. Muros continuos de adobes, parcialmente reconstruidos hoy en el lado norte, bloqueaban el paso salvo por la puerta de piedra que conducía al Templo Menor.

Es posible que incluso el viajero o aldeano más humilde pudiera haber ofrecido oraciones o solicitado la

La terraza del Gran Templo con las estatuas de Ramsés II alternando con las de los halcones que representan a Ra-Horakhty.

interseción de los dioses en esta zona exterior o quizás solo se les permitiera hacerlo en determinados momentos del año. Dichas invocaciones pudieron estar centradas en las estatuas colosales de Ramsés II, tal y como parece que ocurrió en Tebas (Luxor), donde las estatuas colosales del rey tenían asignadas sus propios sacerdotes.

Quienesquiera que fueran, los visitantes del templo pudieron cruzar el patio hacia la terraza, aunque había también un templo pequeño a la izquierda del Gran Templo que contenía relieves de Thot y Ra-Horakhty y que pudo ser una estación de paso para las pequeñas embarcaciones sagradas (barcas o balsas) asociadas con el culto en el templo. A la derecha del Gran templo hay otro pequeño templo de patio abierto asociado con el dios solar.

A medida que se aproximaban a los escalones de la terraza, los visitantes pasarían dos inscripciones sobre lajas de piedra (estelas) y dos piletas reservadas para el lavado ritual de los sacerdotes del templo. La inscripción en piedra (estela) de la izquierda muestra al rey ofreciendo incienso a los dioses Amón-Ra, Ptah e Isis; en la inscripción de la derecha aparece el rey ofreciendo flores a Amón-Ra, Ra-Horakhty y Thot.

Hay otras estelas que pudieron interesar a nuestros visitantes al pasar por la terraza, pero la que más llamaría su atención es una inscripción en la esquina más al sur del frente de la terraza. Esta estela, fechada en el año 34 del reinado de Ramsés II, recoge los preparativos para la boda de una princesa hitita con el rey, que aparece en la parte superior recibiendo a la princesa, ataviada con un vestido egipcio, y a su padre el rey Hattusilis III. Parafraseando libremente, la inscripción dice:

Entonces el jefe de la tierra de Kheta [el nombre egipcio para Hatti, la tierra de los hititas] habló a su ejército y a sus nobles diciendo: «Nuestra tierra está devastada… Nos han cogido cautivos con todas nuestras posesiones; mi hija primogénita la primera entre ellos…»

Entonces vinieron con sus posesiones, sus espléndidos regalos de plata y oro, y muchas maravillas …

[Los mensajeros vinieron] para el deleite de su majestad, diciendo: «Mirad, el gran jefe de Kheta viene, trae a su hija primogénita y porta muchos tributos. ¡Todo! Han cruzado muchas montañas y caminos difíciles para así poder llegar a las fronteras del país de su majestad.»

Su majestad recibió las noticias [de su venida] en palacio con alegría en su corazón. Cuando se enteró de los acontecimientos tan raros e inesperados, ordenó a [una guardia de honor] y a sus hijos que fueran deprisa y recibieran [al rey hitita].

Su ejército regresó [rápidamente], con sus piernas fuertes y su zancada amplia, y la hija del gran jefe de Kheta marchaba al frente del ejército.

Los grandes jefes de todos los demás países vinieron también; todos estaban intimidados y se dieron la vuelta atemorizados cuando vieron a su majestad, el rey de Kheta, venir con ellos en busca del favor del rey Ramsés.

La gran sala hipóstila del Gran Templo

Como veremos después, la aparente sorpresa de Ramsés II al llegar a la fiesta nupcial dentro de las fronteras egipcias solo lo habría superado la sorpresa de Hattusilis III al encontrar que su tierra era descrita como devastada y que él venía a rendir tributo al faraón como su conquistador.

Volviendo a la entrada al templo, el más importante de nuestros visitantes podría comenzar, quizás, el tránsito desde el mundo exterior de luz solar un mundo interior más oscuro.

En el pasaje de entrada había advertencias del poder del rey para vencer a los enemigos tradicionales de Egipto: cautivos nubios atados en la pared de la izquierda; cautivos «libios» y prisioneros de otros pueblos (denominados como «asiáticos») al noreste de Egipto en la pared de la derecha. Pero también había recordatorios de la unidad del país que representaba el rey: dioses del Nilo atan el loto y el papiro, que representan al Alto y Bajo Egipto, alrededor del jeroglífico que significa «unidad».

Finalmente, al cruzar el umbral, nuestros visitantes egipcios más privilegiados dejarían el mundo exterior atrás.

La primera sala hipóstila tiene ocho estatus de Ramsés II en forma de dios del inframundo, Osiris. Sus brazos están cruzados sobre el pecho y sostienen el cayado y el mayal, símbolos de poder. Las estatuas a la izquierda lucen la corona del Alto Egipto ( ), y las de la derecha llevan la doble corona del Alto y Bajo Egipto ( ). Detrás y a los lados de cada estatua hay imágenes de Ramsés II, Nefertiry y la princesa Bintanat realizando ofrendas a los dioses.

Entre las dos últimas estatuas del lado izquierdo (mirando hacia el santuario) se levanta una estela que recoge los regalos y los edificios que Ramsés dedicó al gran templo de Ptah en Menfis (la antigua capital de Egipto, a 20 km [12 millas] al sur de Giza).

La inscripción es especialmente larga y florida, pero da una idea del gran trabajo de construcción que Ramsés II llevó a cabo en la antigua capital. Parafraseando de nuevo, una parte dice así:

He ampliado tu casa en Menfis, protegiéndola con obras eternas. Con gran trabajo, usando bloques de construcción, oro y piedras costosas, he edificado tu patio al norte del templo con una magnífica doble fachada. Las puertas son como el horizonte del cielo, y hacen que hasta los extraños las alaben. He hecho para ti un magnífico templo en medio del recinto. [Tu imagen divina], dios, que yo he moldeado, está en su capilla secreta, descansando sobre su gran trono.

Los colores en esta sala habrían resaltado incluso con la mínima luz. La paleta cromática estaba dominada por el rojo, el amarillo y el negro —los dos primeros obtenidos de depósitos locales de ocre, y el último a partir de hollín y carbón vegetal.

Por encima, los buitres vuelan por el techo del pasillo central, separados por los cartuchos del rey (ahora descoloridos); los techos de los pasillos laterales están pintados con estrellas.

Las paredes de la primera sala hipóstila están dominadas por las imágenes de Ramsés II como el protector militar del Estado egipcio.

Las escenas tradicionales del rey golpeando a los enemigos ante Amón-Ra (en el lado sur) y Ra-Horakhty (en el lado norte) aparecen a ambos lados de la puerta hacia el interior del templo; debajo, una fila de hijos reales: mirando hacia la entrada, príncipes reales a la derecha (sur) y princesas reales a la izquierda (norte). Bajo las princesas hay una firma rara de uno de los escultores originales del templo, llamado Piay, en cuatro columnas de jeroglíficos.

A pesar de que el largo reinado de Ramsés II parece haber sido relativamente pacífico después

Los buitres, que representan a la diosa protectora Nekhbet, vuelan por el techo de la primera sala hipóstila separados por los cartuchos descoloridos de Ramsés II.

Ramsés II ataca a una fortaleza siria sin nombre junto a sus tres hijos (a la derecha de esta escena). Los brazos y arcos extras del rey son resultado de las correcciones del artista, que habrían cubiertas con yeso (extremo este de la pared sur de la gran sala hipóstila).

de los primeros años, la pared izquierda (sur) de la primera sala hipóstila está dominada por campañas militares sin identificar contra los sirios, libios y nubios. Algunas de estas campañas fueron imaginarias casi con seguridad —el tema general aquí era simplemente la proyección de la destreza militar del rey para mantener a raya a los enemigos del Estado.

Las imágenes del rey destruyendo ritualmente a los enemigos del Estado se remontan a los primeros tiempos de Egipto (por ejemplo, en la paleta de Narmer, datada en torno al 3000 a. C.) y también forman parte del plano sistemático de los templos egipcios desde la entrada hasta el santuario: desde la luz hasta la oscuridad; desde el mundo humano hasta el divino; y desde el caos al orden bajo el rey, mediante la destreza

El rey lancea a un jefe libio mientras pisotea a un guerrero caído
(centro de la pared sur de la gran sala hipóstila).

El Gran Templo   21

de su ejército y mediante su relación íntima con los dioses. Los antiguos egipcios consideraban inevitable el descenso al caos desde el que había surgido el mundo primitivo, y esto solo podía mantenerse bajo control a través de la mediación del rey y, en su nombre, de los sacerdotes en los templos. Naturalmente, caos y orden fueron una preocupación constante en una tierra donde el desierto (que representa el caos) ejercía una presión constante contra la estrecha franja de tierra cultivable en los márgenes del Nilo (que representa el orden y la estabilidad).

En el extremo este (izquierda) de la pared sur, se ve a Ramsés II en toda su gloria sobre un carruaje atacando una fortaleza siria acompañado de tres de sus hijos. Observándolo de cerca, el rey parece tener dos arcos y un brazo de más —el efecto de una alteración hecha en el relieve original que habría sido invisible cuando se cubrió con yeso y se pintó.

Hacia la mitad de la misma pared está la imagen dramática del rey lanceando a un cacique libio —copia de un relieve creado por el padre de Ramsés, Seti I (reinó entre 1276 y 1265 a. C.), en el muro exterior de la gran sala hipóstila del templo de Karnak. En el extremo derecho, Ramsés aparece en su carruaje, acompañado de su león, conduciendo a los nubios que van delante de él hacia los dioses en la siguiente pared a la derecha.

Por encima de estas escenas bélicas se puede ver al rey realizando ofrendas a varios dioses. A la izquierda, incienso a Merymutef y la diosa de cabeza leonina Ipt, y paños de tela a Amón-Ra. En el centro, Thot y Seshat escriben mientras, a su lado, el rey se arrodilla bajo un árbol sagrado frente a Ra-Horakhty, a la par que Thot aparece de nuevo escribiendo sobre sus hojas.

En el extremo derecho, el rey está ante el dios Amón que emerge de la sagrada montaña de Gebel Barkal, situada a 420 kilómetros (260 millas) al sur de Abu Simbel —quizás un guiño de los constructores a las creencias religiosas y sensibilidades locales nubias. Gebel Barkal es una montaña de arenisca aislada, reminiscencia del montículo primigenio (la primera tierra que emergió al comienzo de la creación) con un pináculo separado que parece una cobra erguida tocada con un disco solar o la corona blanca, según el ángulo desde donde se mire. Un complejo grupo de templos consagrados a Amón se construyeron allí desde, por lo menos, la época de Tutmosis III (reinó entre 1468-1415 a. C.) y sirvieron como lugar de culto a la forma sureña del dios Amón de Karnak.

En las escenas a ambos lados de la puerta, Ramsés presenta prisioneros a los dioses: cautivos nubios a Amón-Ra, al deificado Ramsés II (que es él mismo como un dios) y a la diosa Mut en la izquierda (o lado sur); y cautivos hititas a Ra-Horakahty, el deificado Ramsés y la diosa Iusaas a la derecha (o lado norte).

La figura del deificado Ramsés se insertó claramente entre las figuras a la izquierda de la puerta (y en algún lugar más en el templo) en un momento posterior. La diosa Mut estaba originalmente sentada detrás de Amón-Ra, y la inserción de Ramsés II hizo que se volviera a tallar a la diosa de pie. Ramsés se representa con los cuernos de carnero del dios Amón. Esto puede ser reflejo de la creencia nativa nubia

El dios Amón emerge de la montaña nubia sagrada en Gebel Barkal (lado oeste de la pared sur de la gran sala hipóstila).

relativa a un dios con cabeza de carnero relacionado con la fertilidad y el agua, que más tarde se adoptó en Nubia como una característica de la versión local de Amón, tal y como se ve en la antigua ciudad de Kerma, a 355 kilómetros (220 millas) al sur de Abu Simbel.

Por encima de la puerta hay una escena doble del rey ante una esfinge. En el dintel se disponen escenas de Ramsés corriendo hacia Amón-Ra y Mut, y, a la derecha, hacia Ra-Horakhty. Sobre las jambas de la puerta, el rey hace ofrendas a los dioses Min, Atum, Ptah y Montu.

Toda la pared norte de la gran sala está ocupada con la representación de la batalla de Kadesh (una ciudad en el río Orontes, al sur del lago Homs, en Siria) contra el Imperio hitita, que fue un acontecimiento decisivo en la vida de Ramsés II y que está ampliamente representado en los templos que el faraón modificó y construyó —incluidos Abidos, Luxor y su templo mortuorio en la orilla occidental en Tebas, el Rameseum.

Kadesh es la primera batalla en la antigüedad que podemos reconstruir a partir de los documentos escritos. Sin embargo, tal reconstrucción se tiene que hacer con cautela ya que la información es inevitablemente parcial y no se concibió para servir como «historia» en el sentido moderno, sino como propaganda para el rey. El alcance de la auto-declarada victoria egipcia en Kadesh es ciertamente cuestionable.

En otros lugares de Egipto, el relato de la batalla se compone de tres partes: relieves, una crónica formal (conocida como el informe oficial) y una crónica con más florituras (conocida como el documento literario). En Abu Simbel, el documento literario está ausente y el informe oficial está abreviado, bien por la falta de espacio o porque se asumió que muy poca gente sería capaz de leer el texto. Como resultado, el curso de la batalla está ilustrado aquí con un alto grado de detalle visual.

La batalla en sí, que ocurrió solo unos años después de que Ramsés II se convirtiera en rey, fue básicamente un choque de carros apoyados, cuando era posible, por la infantería. Las unidades de carros e infantería egipcia se pueden ver en pleno movimiento a la izquierda de la puerta del almacén que está más alejado de la entrada. Comenzado entre las puertas del almacén, el campamento egipcio cerca de Kadesh, rodeado de escudos, se ha levantado en torno a la tienda del faraón. Un poco más arriba, y sobre un friso de las dos fuerzas de carros en plena lucha que se extiende a lo largo de toda la pared, se puede ver la ciudad de Kadesh, rodeada del rio Orontes y un canal, junto a otras imágenes de la batalla.

Gran parte de la escena a la derecha de la puerta del segundo almacén (más cerca de la entrada) está dedicada al comienzo y al final de la batalla. Aquí se ve al joven rey en su silla plegable, tocado con la corona azul de la guerra (*khepresh*) mientras discute las tácticas con sus oficiales.

Bajo esta escena, los espías hititas capturados son interrogados; y sobre esta escena, al final de la batalla, que sigue librándose en los márgenes de la pared, los prisioneros hititas son agrupados mientras los escribas cuentan las manos amputadas de los enemigos muertos con el fin de contabilizar la matanza y la magnitud de la victoria egipcia.

El rey hitita «derrotado» aparece a la derecha de la ciudad de Kadesh mirando hacia atrás a la ciudad mientras su conductor lo ayuda a escapar.

En realidad, la batalla de Kadesh fue en el mejor de los casos un empate. Ramsés II se vio obligado a retirarse de los muros de la ciudad y volver a Egipto, mientras que el Imperio hitita mantuvo la posesión de Kadesh. Nunca más fue parte del Imperio egipcio.

Los almacenes que cortan la escena de Kadesh contienen diversas representaciones del rey realizando ofrendas a los dioses, así como estantes tallados en la roca. Estas habitaciones, junto con las abiertas a la derecha e izquierda del muro que divide las salas

La pared de Kadesh fue registrada por Jean-François Champollion en 1828-29. (A) la ciudad de Kadesh rodeada por el río Orontes y los canales; (B) el campamento egipcio y la tienda real levantados cerca de Kadesh; (C) los espías hititas son golpeados para que revelen la proximidad de las fuerzas hititas; (D) Ramsés, tocado con la corona azul de guerra, reunido en consejo con sus oficiales y funcionarios; (E) ataque al campamento; (F) un mensajero cabalga hacia el sur para traer al resto del ejercito egipcio; (G) una nueva división de infantería y carros egipcios llegan desde el oeste; (H) los carros hititas son rechazados; (I) el rey hitita abandona la batalla; (J) Ramsés aparece triunfante mientras se contabilizan las manos de los hititas muertos y se presentan los prisioneros.

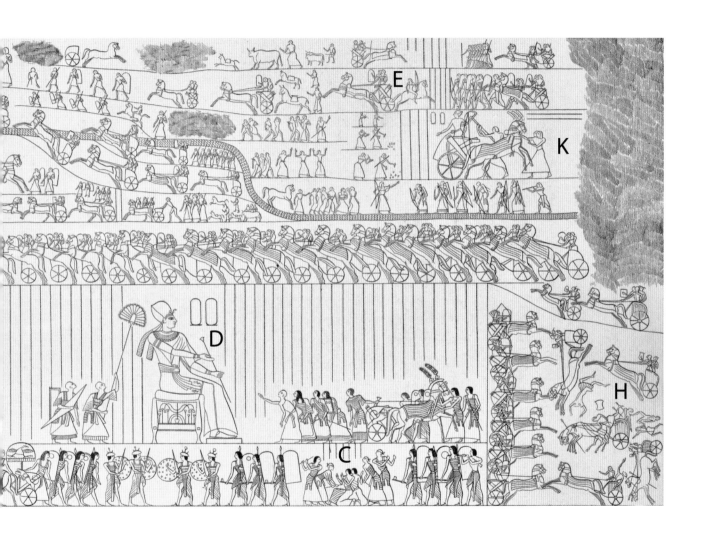

La ciudad de Kadesh circundada por el río Orontes y los canales (mitad superior de la pared norte de la primera sala hipóstila).

primera y segunda, se habrían usado para almacenar los bienes del templo y, posiblemente, los tributos de la población nubia.

A la izquierda, al final del primer almacén desde la entrada en la pared norte, hay una imagen inacabada que ilustra como se crearon todos los relieves del templo: el artista ha marcado el contorno con tinta negra y el escultor ha empezado a tallar el relieve que luego se habría enlucido y pintado.

Volviendo a la entrada y mirando hacia el santuario, el inevitable escorzo que conlleva un templo tallado en la roca hace que la elevación del suelo hacia el interior sea más evidente que en un templo independiente

similar. El techo también se hace más bajo, y la distancia entre los muros se estrecha, por lo que el ojo se enfoca cada vez más en el santuario.

Las puertas a partir de la segunda sala hipóstila probablemente permanecían cerradas la mayor parte del tiempo para todo el mundo excepto los sacerdotes. Y para que quedara claro, el portal estaba protegido por sendas esfinges con cabeza de halcón de arenisca. Belzoni las extrajo en 1817 y actualmente se encuentran en el Museo Británico.

No sabemos cuantos sacerdotes o acólitos estuvieron asociados a los templos de Abu Simbel, pero incluso aquí en las provincias, el personal

La pequeña sala hipóstila del Gran Templo, donde los dioses saludan e interactúan con el rey.

relacionado con el funcionamiento de los templos debió ser considerable. Cualquier rastro de sus casas de adobes había desaparecido mucho tiempo antes de que los arqueólogos profesionales se interesaran por la zona. Los únicos restos conocidos de la comunidad sacerdotal son las tumbas excavadas en la roca y descubiertas en los años 30 a unos 2 kilómetros (un poco más de una milla) al sur del Gran Templo.

Además de sacerdotes, debió haber trabajadores de todo tipo cerca para el mantenimiento de los templos, y granjeros para suministrar comida para las ofrendas a los dioses y para abastecer a la comunidad. Parte de la dotación de los templos debió incluir tierra cultivable y otros recursos que no tenían necesariamente que estar cerca de los templos.

A excepción de visitantes ocasionales muy importantes, solo los sacerdotes y los acólitos de más rango habrían cruzado el umbral a la segunda sala hipóstila. Esta sala es considerablemente más pequeña que la primera y está dividida solo en tres partes mediante cuatro pilares cuadrados. Aquí no hay escenas bélicas ya que hemos entrado en el espacio ritual del templo. Los pilares están rodeados en todos sus lados por imágenes del rey siendo recibido por los dioses —incluyéndose él mismo, en el lado sur del primer pilar a la derecha.

A ambos lados de la puerta, el rey ofrece flores (símbolo de vida y regeneración) o lechugas (consideradas en el Egipto antiguo como un afrodisiaco y un símbolo fálico del dios de la fertilidad Min) a los dioses (Amón-Ra, Mut y él mismo, insertado posteriormente) a la izquierda al entrar en la sala; y a Min-Amón, Isis y él mismo a la derecha.

En la pared izquierda (sur), Ramsés y Nerfertiry realizan ofrendas frente a la barca sagrada de Amón-

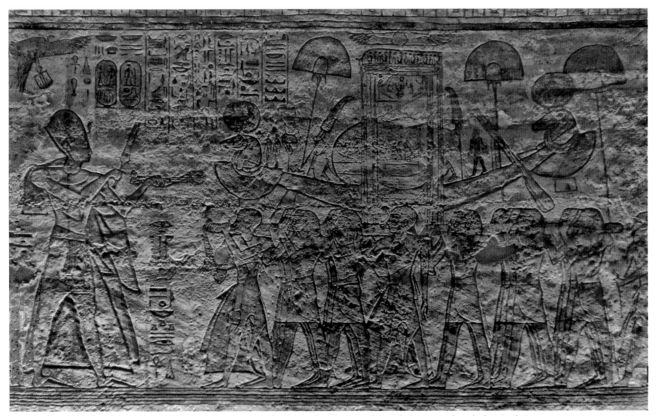

El rey hace una ofrenda de incienso ante la barca sagrada de Amón-Ra (pared sur de la segunda sala hipóstila).

Ra; en la pared norte, el rey y la reina hacen lo mismo frente a la barca del deificado Ramsés II.

Estas maquetas de barcas, que incluyen la estatua de un dios y son portados por sacerdotes, eran objetos reales. Así como se sabía que el dios del sol Ra atravesaba el mar celestial cada día en barco, se creía que las barcas eran el medio natural de transporte de todos los dioses.

Los sacerdotes portaban la barca sagrada en procesión especialmente durante los festivales, y a veces se transportaba más lejos en barcos sagrados de tamaño real si era necesario trasladar al dios por el rio. La barca de Amón en Karnak, por ejemplo, se transportaba de esta manera hasta los templos a lo largo de las márgenes del rio en dos grandes rutas

El vestíbulo del Gran Templo.

procesionales: la fiesta de Opet, a lo largo de la orilla este del Nilo, y la Bella Fiesta del Valle, en la orilla oeste.

Al fondo de la pequeña sala hipóstila, tres puertas se abren al vestíbulo, estando la puerta central alineada con el santuario (en el pilar de la izquierda de la puerta central, el rey aparece ante Amón-Ra; en el pilar de la derecha, el rey está ante Ra-Horakhty). Estas puertas conducen al área más sagrada del templo, al que solo accedían los sumos sacerdotes, el rey y posiblemente los representantes locales de mayor rango.

La función del vestíbulo es evidente por las imágenes de la pared: el rey ofrece vino, incienso, pan, *maat* (una pequeña figura de la diosa que representa la verdad, el orden, la armonía, la moralidad y la justicia, y que encarna las responsabilidades del rey) y flores a los dioses.

Inmediatamente después de traspasar la puerta, y mirando de vuelta a la entrada, el rey ofrece pan a Atum en la parte izquierda de la pared, y vino a Min-Amón-Kamutef en la derecha. En la pared a la izquierda de la puerta de entrada al santuario, el rey ofrece incienso al dios con cabeza de carnero Amón-Ra, y flores a Ptah en la pared de la derecha. En la pared norte (a mano derecha) el rey ofrece *maat* a Thot y vino a Horus-Ha en la pared sur.

Pero para entender completamente la función del vestíbulo debemos profundizar en la función ritual del templo, en particular su sacerdocio.

Es probable que en ningún momento de la historia los conceptos de religión y monarquía hayan estado tan profundamente entrelazados como en el Egipto antiguo. El rey se hallaba entre los dioses y los egipcios, y actuaba en nombre de la gente en relación con los dioses y en nombre de los dioses en relación con la gente. Esta relación impregnaba todos los estratos de la sociedad desde el más alto hasta el más bajo. Tal y como el famoso historiador griego Heródoto comentó sobre los egipcios: «Son excesivamente religiosos, más que todos los demás hombres».

Aunque la vida del rey estaba profundamente ligada a los festivales principales en los centros de cultos más importantes, en teoría todo ritual llevado a cabo en cualquier templo en Egipto se hacía en nombre del rey y en su representación. El papel personal e íntimo del rey en los rituales se representaba con mayor frecuencia en las paredes —como aquí en el vestíbulo y en el santuario del Gran Templo— mientras que los rituales físicos los ejecutaban los sacerdotes y acólitos que actuaban por él.

Aunque en siglos anteriores el sacerdocio era una ocupación a tiempo parcial (los miembros de la administración del Estado servían como sacerdotes solo unos meses al año), en la época en que los templos de Abu Simbel fueron construidos el sacerdocio se había convertido prácticamente en profesional y a menudo hereditario.

A los sacerdotes se les requería una estricta pureza y limpieza. Eran circuncidados y, por lo general, se les exigía que se rapasen la cabeza y mantuvieran el cuerpo sin vello, se cortaran las uñas a menudo, se lavaran varias veces al día, y realizaran otros rituales de purificación incluyendo el masticar sal de natrón

El santuario del Gran Templo.

para la limpieza interior. No podían vestir piel o lana, solo lino puro y, mientras que los antiguos sacerdotes egipcios no eran célibes, el sexo los dejaba impuros hasta que volvían a purificarse, al igual que comer ciertos alimentos prohibidos.

Estos sacerdotes, y sus acólitos, entrarían en el vestíbulo de Abu Simbel tres veces al día para realizar las ofrendas a los dioses en el santuario. Aquí, una

elaborada comida sería presentada, probablemente en uno o varios altares. Esta comida (cuyos componentes probablemente se guardaban en los dos almacenes a la izquierda y derecha del santuario) consistía en carne de buey, cabra o ternera, pan, verduras (como cebollas y puerros), fruta (dátiles, higos y granadas), y bebidas que incluían agua, leche vino y cerveza (producto básico de la alimentación egipcia que a

Las imágenes talladas en la roca del santuario. De izquierda a derecha: Ptah, Amón-Ra, Ramsés II y Ra-Horakhty.

menudo se servía en jarras que representaban el Alto y el Bajo Egipto). Esta comida se colocaba fuera del santuario en estado natural y no como una ofrenda que se quema.

Después de que los dioses hubieran disfrutado tomando el alimento divino que necesitaban, se creía que las ofrendas de comida volvían a su estado normal y se retiraban para distribuirlas entre los sacerdotes y acólitos del templo. El ritual se repetiría por la mañana, a mediodía y por la noche de cada día (las dos últimas comidas probablemente eran una forma reducida de la primera).

El epicentro de toda actividad en el templo era el santuario. Solo el sumo sacerdote o el rey purificado ritualmente podían entrar aquí. Cuando las ofrendas de comida se preparaban, el sumo sacerdote, quizás con uno o dos acólitos, romperían el sello de las puertas y se postrarían ante los dioses. El sacerdote, entonando himnos de adoración, rodearía la capilla o el barco sagrado con incienso, lavaría y ungiría las estatuas, y presentaría a Maat en forma de estatua. Esta presentación representaba simbolicamente la responsabilidad del rey de mantener el orden, pero también enfatizaba su habilidad para lograrlo dado su relación especial con los dioses (ambos, la diosa Maat y el rey, eran considerados hijos de Ra).

La ofrenda de Maat era la ofrenda suprema que incorporaba en sí todas las demás ofrendas. Así lo explica una versión del ritual diario: «Maat está presente en todas las moradas para que estés provisto con Maat. La túnica para tus extremidades es Maat. Maat es el aliento de tu nariz». Mediante la presentación de Maat, los sacerdotes, en nombre del rey, no solo suplían las necesidades de los dioses, sino que también ayudaban al rey a renovar y fortalecer toda la trama del universo.

Es posible que las estatuas del santuario se lavaran y ungieran con aceites. El incienso, conocido como «el olor de los dioses», se quemaba generosamente. Finalmente, las huellas de las pisadas o cualquier otra marca de la presencia del sumo sacerdote se barrían y las puertas del santuario se volvían a sellar.

No es de extrañar que los relieves de las paredes del santuario muestren al rey. En la pared sur, aparece de nuevo ante la barca de Amón-Ra, y en la pared norte ante la barca de él mismo como un dios.

Los elementos principales del santuario, sin embargo, son el altar sobre el que descansa la barca sagrada o la capilla y las cuatro estatuas de tamaño natural de la pared este: de izquierda a derecha, Ptah, Amón-Ra, Ramsés II deificado y Ra-Horakhty. Estas imágenes cultuales, aunque talladas en la roca, se consideraban seres vivos ya que los dioses estaban presentes en ellos durante los rituales y los mortales podían dirigirse a ellos. Dos veces al año, el 21/22 de febrero y el 21/22 de octubre, el sol naciente iluminaba estas estatuas con excepción de Ptah, el antiguo dios auto-creado, señor de Menfis, patrón de los artesanos y señor de la verdad. Es posible que esta falta de iluminación sobre Ptah fuera un recordatorio intencionado de su asociación con el inframundo, pese a que este dios no estaba especialmente relacionado con el más allá salvo cuando se ligaba a otro dios como Osiris. En cualquier caso, el dios tenuemente iluminado debió de ser suficiente para entender la conexión con los aspectos funerarios y de la vida después de la muerte del dios.

Aunque los arquitectos de este período eran capaces de producir este espectáculo, no hay nada en los registros antiguos que indiquen que así lo hicieron. La sugerencia de que estas fechas coincidieron con algún evento conocido en la vida de Ramsés II, incluyendo la fecha de su entronización o la de su cumpleaños, resulta del todo inverosímil y más bien parece que se originó cuando los templos se reubicaron en los años 60.

Ramsés II, como un dios, se sienta confortablemente entre los otros dioses. De hecho, todos los faraones egipcios se convertían en dioses cuando fallecían. En los Textos de las Pirámides (textos religiosos muy antiguos que datan en torno al 2400-2300 a. C.) se dice: «Él [el difunto rey] es un dios, más antiguo que el más antiguo. Le sirven miles y recibe ofrendas de cientos». De hecho, parte de la autoridad del rey vivo reside en su linaje ficticio formado por todos (o casi todos) los reyes divinizados del pasado (maravillosamente ilustrado por las listas de reyes de Seti I y su hijo Ramsés II encontradas en las paredes del templo de Abidos).

Los cultos en torno al rey vivo se desarrollaron muy pronto en la historia egipcia, pero, aunque se acepta que se concebía al rey como poseedor de verdaderos atributos divinos, hay un debate considerable sobre si se reconocía al rey como un dios de verdad, como un hombre, o como una mezcla de ambos, incluso en aquellos períodos para los que tenemos una buena base de evidencia textual.

El amanecer desde el fondo del santuario del Gran Templo.

El argumento de que el rey vivo era considerado divino se ve reforzado por la representación del rey a la misma escala que los dioses y mucho más grande que sus súbditos, así como por el uso frecuente de la palabra *netjer* o «ser divino» asociado a su imagen. En cualquier caso, después de su entronización el rey era realmente considerado como hijo de Ra e imagen viva de Horus.

Por el contrario, estos elementos bien pudieron ser simplemente exageraciones y sin duda se consideraba al rey como subordinado de los dioses, en particular en relación con el ritual del templo. A diferencia de los dioses, no se le estimaba como omnisciente e invulnerable, ni tampoco que pudiera hacer milagros.

Como siempre, la percepción real de la divinidad del rey probablemente queda en algún punto medio, siendo simultáneamente humano y divino. Tal idea no es contraria al pensamiento teológico egipcio, que contiene muchas de estas paradojas.

Muy a menudo en el Gran Templo, el Ramsés II humano se representa como haciendo ofrendas a su yo divino, o el deificado Ramsés II ha sido insertado con posterioridad en un relieve con los dioses, y se cree que muy ocasionalmente en la historia antigua de Egipto un rey ha sido declarado *completamente* divino en su propia vida. Este proceso no parece haber ocurrido por decreto real, sino que era «ganado» tras un largo reinado u otras medidas de éxito.

En el caso de Amenhotep III, cuando cumplió treinta años de gobierno del país, el rey se declaró un dios. Después de esto, hay representaciones del rey realizando ofrendas a sí mismo como un dios, y se le representa con los cuernos de Amón (como Ramsés aquí) y la barba curvada de los dioses. Sin embargo, no está claro si este estado recién adquirido era una característica permanente o algo solo asociado con ciertos festivales.

Ramsés II es, sin duda alguna, igual que los otros dioses en el santuario del Gran Templo, y parece seguro que su estado divino también supera al que normalmente se asocia con un gobernante vivo. Se desconoce el grado de divinidad que se percibía en comparación con el de sus predecesores fallecidos y es posible que este grado de divinidad se percibiera más aquí, en la lejana Nubia, que en Egipto.

El Templo Menor

La colina en la que se excavó el Templo Menor, a 100 metros (330 pies) del Gran Templo, estuvo previamente asociada con la diosa Hathor de Abshek (una forma local de una diosa antigua de numerosos atributos, pero fundamentalmente de la feminidad).

Es razonable asumir que el Templo Menor se excavó en la segunda colina al mismo tiempo que el Gran Templo era tallado en la primera. Con certeza fue construido en los primeros años del reinado de Ramsés y está dedicado a la reina Nefertiry, su primera (co-)gran esposa (junto con la reina Isetneferet) y madre de su primogénito y heredero.

Tal y como se ha señalado antes, no era la primera vez que un templo nubio se consagraba a una gran esposa real. Amenhotep III había dedicado un templo a su esposa Tiye (unos 150 años antes) en Sedeinga, a 240 kilómetros (150 millas) al sur. Sin embargo, esta

La fachada del Templo Menor de Abu Simbel.

dedicación dual de templos no fue corriente en la historia antigua de Egipto.

El Templo Menor está completamente excavado en la roca y se adentra 24 metros (79 pies) en la montaña. Aquí la roca no tenía la misma calidad que la del Gran Templo ya que hubo que hacer varios ajustes de alineación mientras se construía (por ejemplo, entre la fachada y la sala, y entre la sala y el vestíbulo).

Ambos templos comparten las mismas características generales y sus habitaciones las mismas funciones, pero el Templo Menor solo tiene una sala hipóstila, no dos. Tras esta se encuentra el vestíbulo, con dos almacenes asociados, y el santuario.

Ramsés II tocado con la corona *atef* asociada con el dios Osiris (fachada del Templo Menor).

La reina Nefertiry (fachada del Templo Menor).

La sala hipóstila del Templo Menor. El dios Thot aparece en la segunda columna a la izquierda, y Ramsés II ofrece incienso en la columna de la derecha. Más al fondo y a la izquierda se presentan flores a la diosa sedente Hathor de Abshek; al fondo a la derecha, la diosa Mut aparece en una escena similar.

Página anterior: Ramsés II coronado por Horus de Maha y por Seth de Nubet. Lado izquierdo de la pared suroeste de la sala hipóstila.

Pilar hathórico (sala hipóstila del Templo Menor).

A medida que los visitantes se acercaban al Templo Menor, se encontraban primero con las estatuas colosales de Ramsés II y Nefertiry talladas en la fachada.

De las seis estatuas de 10 metros (33 pies) de altura, solo dos son de la reina que, del todo excepcional, tienen aproximadamente la misma envergadura que las del rey, quizás para indicar la estima que disfrutaba. Cuatro hijos y dos hijas de Nefertiry están representados junto a las piernas del Ramsés II y de la reina. Al norte de la entrada, y de izquierda a derecha, están los príncipes Meryatum y Meryra, las princesas Meryetamun y Henttawy y, finalmente, los príncipes Amonhirwenemef y Prehirwenemef. Al sur de la entrada aparecen los mismos hijos reales, pero en orden inverso. Así,

Nefertiry agarra el sistro asociado con la diosa Hathor y ofrece flores a la diosa del Nilo Anukis (centro de la pared suroeste de la sala hipóstila).

Columnas hathóricas de la sala hipóstila. A lo largo de los pilares (con manifestaciones de Horus), Ramsés ofrece vino a Ra-Horakhty. El dios con cabeza de carnero Heryshef (pared noreste de la sala hipóstila).

El rey y la reina ofrecen flores a la diosa Taweret (izquierda de la puerta central en el vestíbulo).

igual que en el Gran Templo, la fachada es un monumento dedicado a la familia real, en este caso específicamente a Ramsés II, la reina Nefertiry y sus hijos.

La reina Nefertiry sostiene el sonajero ritual (sistro ⚕) asociado con la diosa Hathor y luce el tocado hathórico de los cuernos de vaca rematado con el disco solar y dos plumas. El rey luce varias coronas, incluyendo (en la estatua al norte o a mano derecha) la corona *atef* (⚱) que combina el *hedjet*, la corona generalmente asociada con el Alto Egipto (⚱), con una pluma de avestruz a cada lado —que representan la verdad, la justicia, la moralidad y el equilibrio— y asociada con el culto del dios Osiris.

Igual que en el Gran Templo, pero en una línea horizontal por encima, las estatuas del rey son nombradas individualmente: «sol de los gobernantes», «gobernante de las Dos Tierras», «amado de Amón» y «amado de Atum». También pueden haber servido como puntos de comunicación entre los adoradores y los dioses.

Una inscripción en los contrafuertes entre las estatuas indica que Ramsés II pretendía

Un santuario de monumentos magníficos y poderosos para la gran esposa real Neferitiry, amada de Mut, por quien el dios del sol Ra brilla… Él [el rey] ha hecho un santuario de artesanía eterna excavado en la montaña de Nubia, que el rey del Alto y Bajo Egipto, Usermaatra-Setpenre, ha hecho para la gran esposa real Nefertiry, amada de Mut, en Nubia como Ra, por siempre jamás.

La intención debió ser tallar la roca que se proyecta por encima de la entrada en una estatua de Hathor, pero no se llevó a cabo.

Al atravesar la entrada, el visitante accedería a una estructura extraordinaria que fue completamente diseñada para servir como templo para la diosa de la feminidad, y para Nefertiry.

En la pared sureste se encuentran las tradicionales escenas del rey golpeando a los enemigos (Ramsés, acompañado de la reina, matando a nubios a la derecha de la puerta, y golpeando a «asiáticos» a la izquierda) en su papel de garante del orden y la estabilidad en Egipto; sin embargo, las figuras de la diosa y de la reina inusualmente alargadas, y la presentación de flores a los dioses, proyectan un aspecto más gentil en comparación con la decoración del Gran Templo, aunque el esquema cromático intenso de rojo, amarillo y negro hubiera sido el mismo.

A través de la entrada, donde el rey ofrece flores a Hathor de Abshek (a la izquierda) y la reina ofrece flores a Isis (a la derecha), los sacerdotes entraban en la sala hipóstila, dominada por dos series de tres pilares coronados a lo largo del pasillo central con la hermosa representación del rostro de Hathor en el mango y la caja de sonido del sistro asociado con su culto. Las otras tres caras de estos pilares están cubiertas por representaciones sutiles y delicadas del rey, la reina y los dioses.

Los relieves de la pared sureste (izquierda) comienzan, a la izquierda, con una representación de Ramsés II siendo coronado por Horus de Maha, con cabeza de halcón, y Seth de Nubet, con cabeza

Página anterior: Hathor, bajo la forma de una vaca, emerge de la pared de roca mientras Ramsés, a la izquierda, le ofrece flores (santuario del Templo Menor).

Nefertiry es coronada por Hathor de Abshek (delante) e Isis (detrás) en una escena a la derecha de la puerta central en el vestíbulo.

de un animal imaginario. Excepcionalmente, Seth se representa como un dios que protege al faraón y le de poder sobre las tierras extranjeras en vez de como un dios asociado al caos.

La familia de Ramsés II procedía del delta oriental del Nilo, donde Seth se había desarrollado como divinidad patrona a lo largo de una ruta compleja que parece haber implicado la combinación del dios egipcio Seth con los dioses celestiales del norte de Siria que los hicsos trajeron a Egipto —un enigmático grupo de gente del Mediterráneo oriental que gobernó Egipto desde el delta oriental entre 1640 y 1530 a. C. Sin lugar a duda, el padre de Ramsés, Seti I («El que pertenece a Seth») recibió su nombre por el dios.

A la derecha de esta escena, Nefertiry ofrece el sistro de Hathor y flores a la diosa Anukis, divinidad de origen nubio que personificaba el Nilo (su tocado está hecho de juncos) y que formaba parte de la tríada de dioses, junto al dios Khnum y la diosa Satis, asociada con la isla de Elefantina (Asuán). Más a la derecha, Ramsés II ofrece Maat a Amón-Ra en una escena ritual ya familiar del rey como garante del orden frente al caos.

A lo largo de la pared noreste (derecha), de derecha a izquierda, Ramsés II presenta ofrendas a Ptah (sentado en una capilla); el rey ofrece flores al antiguo dios de la fertilidad con cabeza de carnero Heryshef, cuyo centro de culto estaba en Hnes (cerca de la moderna Beni Suef en el Egipto Medio) donde Ramsés II amplió el templo principal del dios; Nefertiry realiza ofrendas a Hathor de Dendera;

finalmente, en el extremo izquierdo, el rey ofrece vino a Ra-Horakhty.

Las tres entradas al vestíbulo forman dos pilares. En el pilar de la izquierda, la reina sostiene un sistro y presenta flores ante Hathor de Abshek, a quien está dedicado el templo; en el pilar de la derecha, la reina ofrece flores a Mut.

Atravesando la puerta central, el sacerdote entraba en el vestíbulo, donde presumiblemente tenían lugar rituales de ofrendas similares a los que tenían lugar en el Gran Templo. A ambos lados de esta habitación se disponen dos almacenes pequeños: sobre el de la izquierda, Nefertiry ofrece flores a la diosa Hathor bajo la forma de una vaca sobre una barca; sobre el de la derecha, Ramsés ofrece flores en una escena similar.

En el vestíbulo, a la izquierda de la puerta del santuario, el rey realiza ofrendas a diferentes formas locales del dios Horus —Horus de Miam (la ciudad Nubia de Aniba, al norte), de Baki (la fortaleza de Quban, cerca de la ubicación original del templo de Dakka, también al norte), y de Buhen (fortaleza cerca del moderno Wadi Halfa)— así como a Amón-Ra. A la derecha de la puerta del santuario, el rey presenta ofrendas a Ra-Horakhty, y la reina a Khnum, Satis y Anukis, la tríada de Elefantina.

Dentro del santuario, y a ambos lados de la puerta por la que se accede, los sacerdotes se encontrarían frente a dos escenas extraordinarias. A la izquierda, el rey y la reina ofrecen flores a la diosa Taweret, divinidad protectora de las mujeres embarazadas y de las parturientas, representada no bajo su forma usual de hipopótamo sino como una mujer ataviada con el tocado de Hathor. A la derecha, la elegante figura de Nefertiry, tocada con una peluca Nubia, es «coronada» por las gráciles diosas Hathor de Abshek (frente a la reina) e Isis (detrás de la reina). Las tres figuras lucen el uraeus (una cobra erguida 𓆗), un tocado cilíndrico de tapa plana o corona (*modius*), el disco solar y los cuernos de vaca (Nefertiry luce, además, dos plumas). Curiosamente, las tres portan el ankh (el signo de la vida 𓋹), que normalmente solo llevan los dioses en las escenas de templo. Esto sugiere que se consideró que Nefertiry tenía un estatus divino mayor que el usual para una reina durante su vida, probablemente a través de la asociación con el divino Ramsés II. Quizás este proceso de convertirse verdaderamente en divina por derecho propio se interrumpió a la muerte de Nefertiry unos años antes del trigésimo aniversario de la ascensión al trono de Egipto de Ramsés II.

Esta representación en el Templo Menor, y otras donde la reina realiza ofrendas sola, sugiere que las actividades rituales en este templo pueden haber sido significativamente diferentes de las llevadas a cabo en el Gran Templo. Los papeles que se conocen de las reinas de Egipto en el ritual del templo sugieren que algunas reinas pudieron haber jugado un papel más importante junto a sus maridos que otras, y que el título de «esposa del dios» se usaba selectivamente, en particular desde el Reino Nuevo en adelante, aunque el aspecto ritual del título no está claro. Por tanto, es posible que, cuando las puertas del Templo Menor se abrían, la reina estuviera involucrada en los ritos más sagrados.

Estas posibilidades están amplificadas por la decoración del propio santuario: en la pared de la izquierda, la reina porta el sistro y ofrece incienso ante Mut y Hathor; en la pared de la derecha, el rey ofrece incienso y vierte una libación ante él mismo deificado y Nefertiry. En el centro del santuario, Hathor, bajo la forma de una vaca, está tallada como emergiendo de la colina (ligeramente a la derecha del centro probablemente por debilidad en la roca) con la figura del rey bajo su barbilla y un sistro de Hathor a cada lado. A la izquierda de la estatua de la diosa, Ramsés aparece ofreciendo flores.

Por tanto, con independencia de los argumentos sobre el estatus divino o mortal de Nefertiry, no hay duda de que Ramsés II tuvo la última palabra.

Ramsés II se arrodilla frente a Ra-Horakhty mientras Thot escribe en las hojas de un árbol sagrado.

3 | DIOSES Y DIOSAS

Se conocen aproximadamente 1500 dioses egipcios antiguos por su nombre, aunque muchos menos en detalle. En términos generales, estas criaturas divinas —que influenciaron la vida de todos los egipcios, desde el estamento más bajo hasta la más alta jerarquía— se pueden clasificar en «humanos», «animales», «mitad humano, mitad animal» y otras formas compuestas.

Las divinidades cósmicas y aquellos asociados a los cielos y a la tierra —que fueron adorados desde los primeros tiempos de la sociedad egipcia— son representados generalmente con forma humana. Otros dioses, como el antiguo dios de la fertilidad Min y los faraones divinizados, también aparecen como humanos.

Otras divinidades fueron representadas con forma animal, como un halcón, un toro, un carnero, o un león; o diosas figuradas como una vaca, una leona, una serpiente o un buitre. De nuevo, algunas de estas representaciones se retrotraen a los primeros días de Egipto.

Los dioses mitad humano y mitad animal pueden tener la cabeza de un animal y el cuerpo de un ser humano o viceversa. La Gran Esfinge en Giza es el ejemplo más famoso y uno de los más antiguos. La forma esencial de la divinidad se determina generalmente por la cabeza. De esta forma, lo que consideramos como una esfinge es un dios humano que ha tomado el cuerpo de un león, mientras que la diosa Sekhmet es una leona que ha tomado el cuerpo de una mujer.

Las divinidades compuestas pueden combinar diferentes dioses humanos o animales, o sus características, y a veces muchos a la vez. Pueden combinar diferentes partes humanas y animales: estamos en el mundo del halcón-babuino y del escarabajo con cabeza de carnero.

Muy pocos dioses tienen una sola representación estándar. Thot por ejemplo puede aparecer con forma humana, como ibis o como babuino. Amón puede aparecer como humano, como carnero o como ganso. Hathor puede ser humana, vaca o mujer con cabeza de vaca, o mujer con cara que combina rasgos humanos y vacunos.

Esta diversidad refleja el entendimiento de que la imagen de un dios o diosa no pretendía ser la verdadera caracterización de la divinidad. Eran representaciones formales de aspectos de estos seres divinos que, de otro modo, se describían como «ocultos» o «desconocidos», y simplemente pretendían ser el centro físico de adoración para para individuos o sacerdotes.

Mientras que algunos dioses fueron considerados esencialmente como benéficos (Thot, Horus e Isis, por ejemplo, eran venerados por sus poderes curativos), la mayoría de los dioses eran vistos como hostiles y necesitaban ser aplacados. La naturaleza de algunos, a menudo diosas, podía simplemente ser ambivalente. Hathor era realmente la diosa del amor y de la celebración de la música, pero también podía aparecer como una diosa de destrucción.

Los antiguos dioses egipcios eran muy humanos en sus cambios de humor.

Si bien la idea de 1500 dioses puede resultar alarmante, muchos de ellos fueron la misma divinidad pero llamada de una forma diferente, asociado a una localidad en particular, o como representación de una característica particular del dios. Ya hemos conocido a Horus *de Maha* y a Hathor *de Abshek* en el contexto de Abu Simbel, por ejemplo.

Muchos de los dioses de la lista fueron divinidades domésticas menores o demonios asociados con el culto diario de la gente común. Muy pocos de estos se verían en el contexto de los grandes templos. Solo los dioses que se encontraban en el epicentro de la antigua teología egipcia —dioses antiguos, grandes dioses y aquellos responsables de la creación y el mantenimiento del cosmos— fueron representados en aquellos muros, aunque sujetos a variaciones a lo largo del país y del tiempo.

A medida que pasaron los siglos, los dioses principales fueron organizados en grupos de «padre», «madre» e «hijo» (ocasionalmente «hija») llamados tríadas. La más conocida es la tríada de Osiris, Isis y Horus, con su centro de culto en Abidos, aunque las triadas de Ptah, Sekhmet y Nefertem (Memfis) y la de Amón, Mut y Khnosu (Tebas) eran igualmente conocidas para los antiguos egipcios. La tríada de Elefantina de Khnum, Satis y Anukis ejerció una particular influencia sobre las fronteras de sur de Egipto y en Nubia.

A lo largo del tiempo, muchos dioses perdieron gradualmente su significado o fueron absorbidos o vinculados en aspectos de la divinidad principal para crear dioses compuestos como Ra-Horakhty, Amón-Ra, y Atum-Khepri (representando las manifestaciones del amanecer y del atardecer del sol). Este proceso de creación de dioses compuestos acabó por derivar en divinidades «múltiples» que individualmente habían compartido características similares (por ejemplo, la forma de Hormakhet-Khepri-Ra-Atum, que combina aspectos normalmente separados del dios solar).

Muchos de los grandes dioses y algunos de las interesantes divinidades menores regionales se encuentran en ambos templos de Abu Simbel, siendo unos pocos los que solo se encuentran en uno u otro. La siguiente lista alfabética introduce las características principales de los dioses discutidos en esta breve guía de los templos.

Amón/Amón-Ra

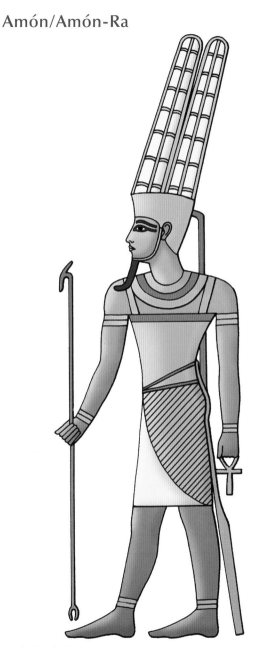

Amón/Amón Ra

Amón-Ra se representa generalmente con forma humana, vestido con un faldellín corto (a veces con una cola de toro añadida), una túnica con diseño de plumas y una corona con dos plumas. Se le puede encontrar con la piel roja o azul, y a menudo aparece dando una zancada o, como «rey de los dioses», sentado en un trono.

Amón, forma local importante que data entorno al 2100 a. C., desplazó gradualmente al dios Montu (el dios de la guerra con cabeza de halcón) en Tebas a lo largo de los siguientes 150 años. Para cuando Abu Simbel fue construido, Amón, como Amón-Ra, era considerado el dios supremo. La diosa Mut era su consorte y el dios lunar Khonsu su hijo. Pese a la variedad de formas de representar a Amón-Ra, se consideraba que tenía una naturaleza imperceptible («invisible», «oculto» o «misterioso de forma»).

Más de un siglo antes de que los templos de Abu Simbel se construyeran, se decía que Karnak contenía «el montículo del principio» donde Amón trajo el mundo a la existencia. También se le atribuía el mérito de crear todo el universo a través de sus pensamientos.

A partir del 1950 a. C., Amón-Ra es denominado en Karnak como «rey de los dioses» y «señor de los tronos de las dos tierras» (Alto y Bajo Egipto).

Al tomar prestados atributos de su colega tebano, el dios de la guerra Montu, Amón era también una divinidad bélica. Cuando los hicsos fueron finalmente expulsados de Egipto en torno al 1550 a. C., Amón se llevó todo el mérito. Además, protegió al faraón en el combate. Fue al dios Amón a quien Ramsés II invocó en el fragor de la batalla en Kadesh (al «señor de la victoria», «amante de la fuerza»), y fue al templo de Karnak («el más selecto de los lugares») y ante Amón a donde se llevó el botín de la victoria.

En Abu Simbel, se localizan más de 40 representaciones de Amón-Ra, desde las estelas a ambos lados de la rampa que sube a la terraza hasta las estatuas de los dioses en el santuario del Gran Templo. Como regla general, las imágenes de Amón-Ra suelen estar en el lado izquierdo (sur) del templo, y las de Ra-Horakhty a la derecha.

Anukis

Anukis

Anukis aparece como una mujer que luce una corona baja con plumas o juncos (a veces también con unas cintas en la parte trasera de la corona o una cobra erguida [uraeus] en el frente), y que porta un ankh, que indica su divinidad, así como un cetro de papiro.

La diosa estaba asociada a las fronteras sur de Egipto, en particular al área alrededor de Asuán. Originalmente, se le consideraba hija de Ra, pero acabó vinculada con la isla de Elefantina como hija de Khnum y su consorte Satis.

Anukis fue una diosa popular y desempeñaba un papel maternal con el rey —a veces se la llamaba «madre del rey».

Atum

El dios Atum representaba el aspecto del atardecer del dios solar, y en la decoración del templo generalmente aparece con forma humana tocado de la corona doble del Alto y Bajo Egipto. Cuando se le asocia con el inframundo en particular, puede aparecer con cabeza de carnero o como un hombre anciano.

Como otros aspectos del sol, el antiguo culto de Atum estuvo vinculado con Heliópolis, pero con el tiempo Ra adquirió preeminencia aquí —aunque Atum continuó siendo importante como «señor de Heliópolis».

Atum fue un dios auto-creado a partir de su propio semen (o saliva). Él fue el padre de los dioses y, por extensión, del rey.

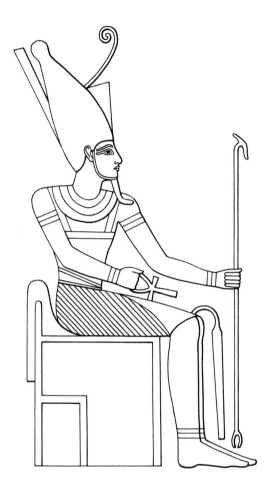

Atum

Ha/Horus Ha

Ha fue un dios del desierto, representado con forma humana con el jeroglífico de las tres colinas (⌒), que indica «desierto» o «tierra extranjera», sobre la cabeza.

Este dios estaba íntimamente asociado con el desierto occidental y los oasis, proporcionando protección contra los nómadas y las tribus libias.

Hathor

Hathor es una de las diosas más antiguas e importantes, y se representa generalmente como una mujer que luce una peluca larga atada con una cinta o lazo, o bien un tocado con forma de buitre rematado con una corona cilíndrica baja (*modius*), y un disco solar entre los cuernos de vaca.

Hathor y Nefertiry

En imágenes posteriores, Hathor, como la divinidad femenina «genérica», llega a ser difícil de distinguir de otras diosas, especialmente Isis, tal y como se ve en el vestíbulo del Templo Menor. En estos casos, solo el texto asociado permite estar seguro de qué diosa está representada. Hathor se viste a menudo con un vestido estrecho rojo o turquesa.

Aunque poco usual en una diosa, Hathor a veces agarra el cetro de poder *was* (un cayado con la cabeza estilizada de un animal en la parte superior y una horquilla en la base), o el tallo de una caña de papiro, o, más a menudo, un sonajero musical (sistro).

Es probable que el culto a Hathor date del período más antiguo del Estado egipcio, sino de antes. La diosa fue muy popular, y muchísimos objetos de uso cotidiano están decorados con ella. Sus roles incluían los de diosa de la sexualidad y fertilidad, entre sus otros numerosos atributos.

Tal y como ocurrió con muchos dioses, Hathor se asoció estrechamente con Ra (de hecho, luce su disco solar). Fue su esposa o su hija, lo que explica su rápido crecimiento en importancia desde el período más antiguo de la historia egipcia. Bajo su rol de «la dorada», acompañó al dios sol en su viaje diario en la barca solar y, por extensión, asistió al rey en su renacimiento diario con el sol. Por contra, también era el vengativo «Ojo» de Ra que era capaz de destruir a la humanidad con su ira.

Bajo su forma vacuna, Hathor protegía al rey y actuaba como su nodriza (a menudo se la representó dándole de mamar). En este y otros aspectos, la diosa fue madre del rey y él «el hijo de Hathor», que combinaba bien con el papel del rey como encarnación viva de Horus. Y lo que

es más importante, Hathor también fue la «esposa» del rey, y de ahí que, como en Abu Simbel, se vea a la gran esposa del faraón actuando como su sacerdotisa y como una manifestación humana de la diosa.

Hathor fue «la hermosa» y estuvo inseparablemente asociada a la feminidad. Se creía que la diosa ayudaba a las mujeres en la concepción, gestación y parto.

Heryshef

El dios Herishef (Arsaphes) normalmente se presenta como un carnero de largos cuernos o un hombre con cabeza de carnero. En esta última forma, aparece dando una zancada hacia delante como un rey y vistiendo el faldellín real. Estaba asociado con Osiris y con Ra, y a menudo luce la compleja corona *atef* () rematada con las plumas de avestruz (igual que exhibe Ramsés II en el exterior del Templo Menor, en el extremo derecho de la fachada) o el disco del dios del sol.

Heryshef era otro dios antiguo cuyo centro de culto estaba en Ihnasiya (Hnes o Herakleopolis Magna, cerca de Beni Suef en el Egipto Medio). Ramsés II amplió muchísimo su templo.

Heryshef pudo haber sido un dios creador. Su nombre significa «el que está sobre su lago», quizás sugiriendo una conexión con las aguas primigenias, o bien simplemente una asociación con el lago sagrado de Hnes.

El dios estaba íntimamente asociado a Osiris y a Ra como parte del alma de estos dioses, que definía la fuerza y el poder y se podía mover entre los planos humano y divino. La palabra para este componente del alma, *ba*, sonaba igual que la palabra en egipcio antiguo para carnero.

Horus

Horus

En el antiguo Egipto, un número de divinidades distintas llevaban el nombre de «Horus» y no siempre son fáciles de distinguir unos de otros. No obstante, el «Horus» más prominente era el dios patrón de la monarquía egipcia. Como tal, se le representó originalmente como un halcón posado sobre una percha y de perfil pero con las plumas de la cola de frente para que se pudieran ver al

completo. Más tarde, se le representó a menudo como una figura humana con la cabeza de halcón y tocado con la doble corona de Egipto (🜌) como expresión de su poder sobre todo el país.

Con el tiempo, las formas de Horus se fusionaron con otros dioses y sus características, haciendo el distinguirlos más problemático.

Existen evidencias razonables de que el culto de la forma principal de Horus es anterior a la formación del Estado egipcio, y que los templos asociados con el dios se pueden encontrar desde época muy antigua por todo el país, desde el Delta hasta el lejano sur. En el Egipto meridional, se le encuentra con Hathor como su consorte, y con Harsomptus («Horus el unificador») como su hijo en los templos tardíos (ptolemáicos) de Edfu y Kom Ombo.

En la propia Nubia, hay varios templos dedicados a las formas locales del dios: Horus de Baki en Quban, Horus de Buhen, Horus de Miam en Aniba y, por supuesto, Horus de Maha en Abu Simbel.

Las divinidades Horus fueron populares en el Egipto antiguo y se encuentran representados en amuletos o en placas que buscaban usar su poder para la curación.

La palabra egipcia *hir*, de la que deriva el nombre del dios, significa «el que está en lo alto» o «el distante», haciendo referencia al altísimo vuelo del halcón. En este aspecto como dios celestial, Horus era el «señor del cielo», su ojo derecho era el sol y el ojo izquierdo la luna. Su pecho moteado contenía las estrellas, y el cielo se extendía entre sus alas cuyo aleteo producía el viento. Horus también fue adorado como «dios del este», la dirección del amanecer.

Horus se convirtió en el hijo de Osiris e Isis, posiblemente al combinarse con otra divinidad más antigua en esta «familia» y convertirse así en infante divino.

Como hijo de Osiris e Isis, y en su contexto teológico más amplio, Horus se asoció íntimamente con el rey. De hecho, debido a su parentesco, él era el mítico heredero al trono de Egipto, «señor de las Dos Tierras». Desde los primeros tiempos, el nombre de Horus del faraón se escribió en una forma rectangular (conocido como *serekh*) que representó a Horus como un halcón posado en un recinto de palacio. Y esto parece haber simbolizado el papel del rey como mediador entre los humanos y los dioses, o las propiedades divinas del propio rey.

Isis

El origen de la diosa Isis no está claro, pero llegó a eclipsar a todos los dioses del Egipto antiguo.

Isis (Iset en egipcio) aparece generalmente como una mujer con un vestido largo y estrecho, coronada con el jeroglífico para «trono» (𓊨 'set'), que representa su nombre, o tocada con los cuernos y el disco solar que adquirió de Hathor. También puede llevar el sonajero (sistro) y un collar de cuentas asociado con Hathor, aunque con frecuencia simplemente porta el signo ankh y un cetro de papiro, igual que otras diosas. Sus brazos pueden estar estirados alrededor de Osiris, y también pueden ser alados. La mayoría de las veces Isis se representa de pie, pero también se la puede encontrar arrodillada o en postura de duelo con una mano en la cara.

Isis

Durante la mayor parte de la historia egipcia, Isis fue adorada en asociación con otras divinidades más que individualmente, en particular con Osiris y Horus. El culto individual, como en Filé, parece haber sido un fenómeno relativamente tardío al haber absorbido las características de muchas de las otras diosas.

Y aún así, la influencia de su culto se extendió ampliamente por el mundo grecorromano (en Atenas, en Roma y en las lejanas provincias) rivalizando con los cultos principales del Mediterráneo y más allá. Su culto fue popular, personal y muy fuerte. El culto de Isis continuó en Filé hasta el siglo VI d.C., mucho después de que el resto del mundo romano fuera declarado cristiano.

Isis y Osiris eran hijos de Geb (la tierra) y Nut (el cielo). Isis se casó con Osiris y lo asistió en su mítico gobierno de Egipto. Osiris fue asesinado y desmembrado por su hermano Seth, pero Isis, con la ayuda de su hermana Neftis, encontró los miembros dispersos del cuerpo de su marido, los reunió, se quedó embarazada y dio a luz a su hijo Horus.

La imagen de Isis con Horus sobre su regazo fue muy popular en el Egipto antiguo, como lo fueron los relatos del cuidado constante de su hijo cuando el peligro amenazaba, curándolo con magia cuando era necesario. De hecho, Isis protegió y cuidó a su hijo hasta que pudo vengar el asesinato de su padre y heredar el reino de Egipto.

Así pues, Isis se convirtió también en la madre simbólica del faraón, que era la encarnación viva de su hijo Horus. Además, como su nombre se escribió usando el jeroglífico para «trono» o «asiento», Isis también representó el sentido general del poder del rey.

Sus poderes mágicos, que había revivido al difunto Osiris, eran un aspecto esencial de su persona, y se invocaba su nombre para la protección y curación, especialmente de los niños. Sus poderes mágicos y su conocimiento eran los mayores entre los dioses.

Junto a su hermana Neftis, y como consecuencia de lo acaecido tras el asesinato de su marido Osiris, Isis fue considerada la doliente arquetípica, sustentadora y protectora de los difuntos, cuidando de los recién fallecidos de un modo personal tal y como lo haría una madre devota.

Iusaas

Iusaas (que quizás significa «ella viene, la que es grande») se la representa generalmente como una mujer con un escarabajo sobre la cabeza.

Estuvo asociada con Heliópolis, pero rara vez a otros lugares, y parece que fue la contrapartida femenina del dios Atum, además de encarnar los poderes creativos femeninos.

Kamutef

Kuamutef era un dios de la fertilidad, una manifestación local en Tebas del dios Min, cuyo centro de culto estaba en Coptos, a 35 kilómetros (22 millas) al norte. Su nombre significa «toro de su madre» —es decir, que era considerado como su propio progenitor— un epíteto que también se usaba para Min. La implicación era que el dios representaba el ciclo eterno de renacimiento y renovación.

Con el tiempo, Kamutef parece haberse convertido más en un concepto que en una divinidad independiente. Fue incorporado como Amón-Kamutef (enfatizando el aspecto fértil del dios Amón) o, como en Abu Simbel, como Min-Amón-Kamutef.

Khepri

El dios Khepri, la forma matutina del dios sol, se representa generalmente como un escarabajo (𓆣) con diferentes grados de estilización. Bajo esta forma, a menudo, es de color azul —ya sea pintado o en lapislázuli— representando su asociación con los cielos, aunque aparece en un negro más realista en los textos en papiro. También se le puede ver empujando al disco solar delante de él. Ocasionalmente, el escarabajo se combina con otros animales como el halcón o el buitre.

Khepri también aparece con cuerpo humano y cabeza de escarabajo. Bajo esta forma se le representa en la tumba de la reina Nerfertiry, en el Valle de las Reinas.

A veces luce la corona *atef* de Osiris para demostrar la unión de cielos e inframundo. También aparece como un escarabajo con cabeza de carnero, como Atum-Khepri, representando los soles de la mañana y del atardecer.

Parece que Khepri rara vez fue adorado solo, aunque la estatua colosal del dios escarabajo junto al lago sagrado del Templo de Karnak y la presencia generalizada de escarabeos y sellos de escarabajo ponen de manifiesto la presencia siempre eterna del coleóptero como símbolo de creación y resurrección.

Khepri representó al disco solar que se eleva en el cielo oriental, como parte de sus tres aspectos: «Khepri en la mañana, Ra-Horakhty al mediodía y Atum en la tarde». Fue uno de los dioses del primer amanecer en el momento de la creación y de ahí su estrecha asociación con Atum como Atum-Khepri.

Su función original pudo haber sido más sencilla: los antiguos egipcios vieron un paralelismo entre el comportamiento de escarabajo que rueda una bola de barro o estiercol con sus patas traseras hasta que las crías salen de esta bola y el dios empujando el disco solar (con sus patas delanteras) a través del cielo en su recorrido diario.

Khnum

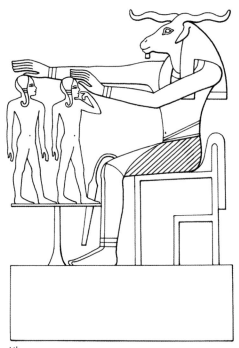

Khnum

Khnum se asoció con el río Nilo y la creación de la vida. Normalmente aparece como un hombre con cabeza de carnero, un faldellín corto y una peluca larga de tres mechones. Originalmente se le representó con cuernos de oveja ondulados y horizontales, pero luego se le ve con cuernos de carnero cortos y curvos, y a veces incluso con ambos. También puede lucir dos plumas altas, la corona del Alto y Bajo Egipto o la corona *atef*.

Khnum estaba relacionado sobre todo con la isla de Elefantina en Asuán y se decía que controlaba la inundación anual del Nilo desde grutas bajo el río. Aquí, él era el cabeza de la tríada de divinidades que incluía a las diosas Satis y Anukis.

Su asociación con los poderes regenerativos del río probablemente explica una de las representaciones más evocativas entre los dioses egipcios: Khnum sentado en su torno de alfarero dando forma a humanos y a todos los demás seres vivos.

También fue «señor de los cocodrilos» por una asociación con la diosa Neith (una diosa «creadora» muy antigua e importante honrada en el Bajo Egipto) que se consideraba madre del principal dios cocodrilo Sobek.

Khonsu

Khonsu fue un dios de la luna cuyo carácter cambió mucho con el tiempo.

Normalmente aparece bajo la forma de un hombre joven envuelto en una prenda ajustada. Sus brazos, sin embargo, están parcial o totalmente libres. A menudo luce como tocado un disco de luna llena que reposa sobre una luna nueva y, como «hijo» de Amón y Mut, a veces lleva el mechón lateral que era característico de la infancia en el Egipto antiguo (aunque puede llevar a la vez la barba curva de un dios).

Khonsu puede sostener el cayado y el mayal asociados con Osiris y Horus, junto con un *was* (𓌀) o un cetro con el cabezal *djed* (𓊽). Luce un característico y pesado collar por detrás y por delante, con forma de creciente en el pecho. También puede aparecer

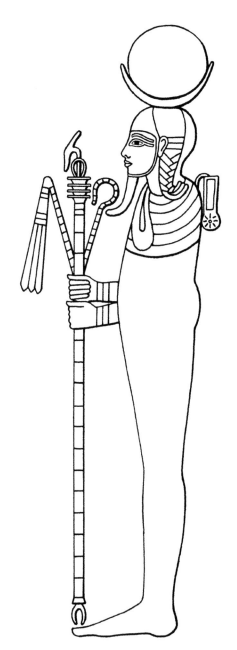

Khonsu

como un hombre con cabeza de halcón, distinguible de Horus y Re por la presencia de un disco lunar y una luna creciente. Como dios de la luna, también se puede mostrar ocasionalmente como un babuino.

Una serie de templos dedicados a Khonsu se construyeron en Egipto, el más importante de los cuales se levantó en el recinto de Amón en Karnak un poco después del reino de Ramsés II.

Como miembro de la «familia» tebana de Amón, Mut y Khonsu («Khonsu de Tebas»), aparece bajo la forma de sanador, o como «Khonsu el niño» o «Khonsu el proveedor». Por su participación en el cálculo del tiempo, en particular de su gestación, se le conoció como «Khonsu el que decide sobre la vida y su duración»

Más tarde, y no muy lejos de Tebas, en el templo de Kom Ombo, Khonsu fue considerado como el hijo de Sobek y Hathor, y en Edfu se le asoció con Osiris. También estaba vinculado a Shu (el dios del aire) y Horus.

Maat

La diosa Maat representó la verdad, la justicia y el orden en el cosmos.

Casi sin excepción, Maat aparece con forma humana tocada una pluma de avestruz en la cabeza. Sin embargo, la propia pluma puede representar también a la diosa. Sus brazos pueden estar alados.

Un pequeño templo a Maat se construyó en los terrenos del templo dedicado a Montu en Karnak, pero generalmente aparece en el contexto de templos a otros dioses.

La presentación de Maat —en forma de estatua pequeña— a los dioses (en particular a Amón, Ra, Ptah y al propio consorte de Maat, Thot) fue un elemento central en la actividad ritual del rey en los templos. De esta forma, el rey ofrecía su propio esfuerzo por mantener el orden y la justicia en nombre del dios.

Maat era una «hija de Ra» y también se asoció a Osiris («el señor de *maat*») en los comienzos de la historia del Estado egipcio. Esto explicaría porqué algunas características de Maat las absorbió después Isis.

Como hija de Ra, Maat también fue considerada como «hermana» del rey titular, y tanto la legitimidad del rey y como el juicio de su gobierno se evaluaban por su habilidad para defender *maat*.

Maat representaba el orden y el equilibrio en el universo, que había sido establecido en la creación

Maat

(esta era la base de su relación con Ra). Sin embargo, el orden se tenía que mantener y renovar constantemente (especialmente por el rey). Por su relación con el orden y el equilibrio, Maat estaba involucrada inevitablemente en el concepto de justicia.

Se esperaba que todos los egipcios vivieran de acuerdo con los principios de *maat*, y tras la muerte, el corazón del difunto se pesaba contra la pluma de Maat en la balanza del juicio.

Merymutef

Algo más oscuro que la mayoría de las divinidades presentes en Abu Simbel, Merymutef («amado de su madre») se conoció como el «señor de Khayet» (Mankabad, en la orilla occidental del Nilo a unos 12 kilómetros [8 millas] al norte de Asiut) y durante gran parte de su historia conocida estuvo ligado únicamente a este lugar.

Merymutef se presenta como un dios joven de cabeza de carnero, con cuernos horizontales y otro par curvos, que agarra el cetro *was* y un ankh. También puede aparecer con forma totalmente humana o con la cabeza de un halcón.

En Abu Simbel, Merymutef se asociaba a veces a la diosa igualmente oscura Ipt (o Ipipt, o Ipui), «dama del cielo, señora de las Dos Tierras», posiblemente una forma local de Hathor. La diosa aparece como una mujer con cabeza de leona, tocada con un disco solar y agarrando un cetro de flor de papiro y un ankh.

Merymutef también estuvo conectado con la diosa Nut (diosa del cielo) y se ha sugerido que el dios se consideró hijo de Nut y Geb, al menos localmente, junto a su hermano «mayor» Horwer («Horus el mayor»).

Con el paso del tiempo, el nombre de Merymutef aparece directamente asociado con Hathor en otros lugares (en una mina de turquesa en el suroeste del Sinaí, en el templo del padre de Ramsés II, Seti I, en Abidos y en el templo de Karnak).

Min

Como dios de la potencia sexual masculina, Min tuvo una larga e ilustre carrera. Generalmente aparece con forma humana y el pene erecto. Su cuerpo está envuelto estrechamente, salvo su mano izquierda, que agarra su falo, y su brazo derecho, que está levantado en un gesto protector o como para golpear con un significado desconocido.

Suele ir tocado con una corona baja con cintas y dos altas plumas. También puede llevar un flagelo y lucir un collar. Su piel siempre es negra, quizás por asociación con la tierra fértil de Egipto. En las escenas de ofrendas aparece a menudo con la lechuga, que se creía que tenía propiedades afrodisiacas.

Min estaba estrechamente vinculado con la ciudad de Gebtu (o Coptos, la moderna Qift, entre Luxor y Quena), aunque se le adoró en todo Egipto. Su fiesta principal, «la salida de Min», coincidía con la cosecha.

Para cuando se construyeron los templos de Abu Simbel, Min estaba asociado con Amón de Tebas, convirtiéndose en una manifestación de Amón como dios creador primigenio. Como Amón-Min, fue un elemento importante en las celebraciones de la coronación y el jubileo del faraón representando la potencia del rey.

Min

Montu

Montu, dios de la guerra, era adorado en particular en la región en torno a Tebas. Se le representaba como un hombre con cabeza de halcón, aunque en representaciones más antiguas también aparecía como halcón.

A veces lleva la espada curva *khepesh* (⌣), popular en las escenas en las que el faraón aparece golpeando a los enemigos, y que concuerda con el

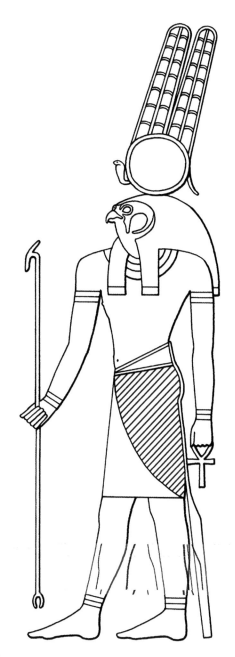

Montu

carácter bélico del dios. Normalmente luce el disco solar con un uraeus (la cabeza de una cobra estilizada y erguida) y dos plumas (lo que ayuda a distinguirlo de Ra y otros dioses halcón).

Sus consortes eran la diosa solar Raettawy y la oscura diosa local Tjenenyet, una divinidad de la elaboración de la cerveza conocida sobre todo por su papel como esposa de Montu en la ciudad de Armant, a 20 kilómetros (12 millas) al sur de Tebas.

Los cuatro centros principales de culto del dios se situaban en los alrededores de Tebas, incluyendo Karnak donde tenía su propio templo al norte del gran templo dedicado a Amón.

La fama de Montu aumentó a la par que la de su ciudad de origen. Cuatro gobernantes de Tebas de la dinastía XI (aproximadamente entre 2080-1940 a. C.) llevaron el nombre de Montuhotep («Montu está satisfecho»), aumentando la importancia del dios gradualmente por todo Egipto.

Montu también fue caracterizado, a veces, también como la contrapartida meridional de Ra bajo la combinación Montu-Ra, aunque su relevancia comenzó a decaer a medida que aumentaba la de Amón. Aún así, su popularidad se mantuvo con los faraones guerreros.

Mut

En origen fue una diosa con cabeza de leona, aunque con el paso del tiempo Mut apareció con forma completamente humana ataviada con un vestido en color rojo o azul, a veces con un diseño que parecen plumas.

Puede lucir un tocado de buitre con la corona blanca de Egipto, o la doble corona de las Dos Tierras (es la única diosa que la luce). Puede aparecer sentada en un trono o de pie agarrando un cetro con cabezal de lirio. Bajo su forma leonina, la diosa está íntimamente vinculada con la diosa Sekhmet en el templo de Karnak.

Mut fue la consorte de Amón y la madre de Khonsu, a quien se la puede ver amamantando. En su papel de esposa, reemplazó a una diosa más antigua llamada Amaunet. En general, el trio de dioses formado por Amón, Mut y Khonsu parecen más una familia que muchas de las otras tríadas divinas. En esta estructura, Mut es la figura de la madre madura y la indiscutible reina de los dioses. También se le conoció un oráculo al que los fieles podían llevar sus peores problemas, igual que un hijo podría acudir a su madre.

Es probable que el culto a Mut comenzara en el Alto Egipto, aunque tuvo santuarios en Heliópolis, en Giza y en Tanis en el Delta. La diosa aparece en casi todas las paredes del templo de Amón de Karnak, aunque mantuvo su propio templo al sur del templo del dios (gran parte construido por Amenhotep III). Este templo también contenía muchas estatuas de Sekhmet, la diosa leona del norte. Mut era transportada en su propia barca sagrada en las numerosas procesiones del gran festival de Amón.

No es de sorprender que Mut estuviera asociada con las reinas de Egipto, que lucieron el tocado de buitre como símbolo de su relación.

Bajo su aspecto leonino, la diosa era el «ojo de Ra» junto a Sekhmet y Tefnut, y también estuvo íntimamente relacionada con Ptah en Menfis.

La diosa Mut, en el centro, abraza cariñosamente a Ramsés II (centro del lado este de la segunda columna a la izquierda en la sala hipóstila pequeña).

Osiris

Osiris fue dios de la muerte, resurrección y fertilidad, y una de las figuras más importantes del panteón egipcio.

Generalmente se le representa en forma humana y ataviado con una túnica muy estrecha que cubre todo el cuerpo, igual que Ptah y Min. Su piel puede ser negra o verde, ambos colores relacionados con la fertilidad: el limo oscuro depositado por la crecida del Nilo y los brotes verdes de nuevo crecimiento (renacimiento) que surgen de este limo.

Puede aparecer sentado o en pie, con las piernas cubiertas por la túnica pero los brazos libres,

Osiris

sujetando el cayado y el mayal de un rey. A menudo, y a lo largo de la historia egipcia, luce la corona blanca del Alto Egipto o la posterior y más compleja corona *atef* (⚜) (una corona muy similar con plumas laterales añadidas, a veces con cuernos horizontales y discos solares). También suele llevar un collar ancho y brazaletes.

Osiris estaba íntimamente relacionado con el pilar *djed* (𓊽), que significaba «estabilidad» (un segmento de pilar que pudo representar el tronco del árbol en el que el cuerpo de Osiris fue encerrado, o bien la espina dorsal del dios).

La mayoría de las veces está sentada en un trono, con Isis y su hermana Neftis (y ocasionalmente Hathor) asistiéndole.

El culto de Osiris se remonta en torno al 2300–2200 a. C., y perduró hasta el final del paganismo. Se convirtió en una divinidad importante en todo el mundo grecorromano a través de su conexión con el culto de Isis.

Osiris fue venerado en todo Egipto, entre otras cosas porque muchas ciudades afirmaron ser lugar que albergaba parte de su cuerpo desmembrado después de haber sido asesinado por su hermano y antagonista, Seth. Abidos, sin embargo, es uno de los lugares más antiguos asociados con su nombre y que incluía la tumba simbólica de Osiris (el Osirion) construida por Seti I, padre de Ramsés II, así como la tumba más antigua del rey Djer (en torno al 2800 a. C.), la cual se creía que era, en torno al 2000 a. C., la tumba real de Osiris y por tanto un lugar de peregrinaje.

Una vez que Osiris empezó a ser más importante, se agrupó con sus hermanas Isis y Neftis, su hermano Seth, y su «hijo» Horus. Además de producir una extensa serie de relatos míticos, la paternidad póstuma de Horus sirvió de modelo para la sucesión de los reyes egipcios: el difunto rey pasaba la corona a su hijo «Horus». Las historias se convirtieron también en la base para la esperanza en la inmortalidad en el más allá.

La relación entre Osiris y Ra fue compleja. En la época en que los templos de Abu Simbel se construyeron, se denominó a Osiris como «señor del universo» o «rey de los dioses», una posición similar a la del dios sol.

A veces se le consideró la contrapartida del inframundo de Ra y otras el cuerpo de Ra — ambas divinidades combinadas para representar una especie de gran dios principal. Los dos dioses, sin embargo, nunca se fundieron realmente y se mantuvieron como divinidades independientes.

Ptah

Fácilmente reconocible, Ptah es otros de los dioses «viejos» —probablemente más antiguo que Osiris.

Ptah se representa de pie, envuelto en una túnica estrecha a modo de sudario de la que salen sus manos. Sostiene el cetro *was*, con forma de horquilla en la base y rematado en la parte superior con los símbolos ankh y *djed*. Generalmente va tocado con un casquete ajustado, aunque cuando se le asocia con Osiris puede lucir un disco pequeño flanqueado por dos plumas como su vecino. Luce una barba recta característica, en lugar de la barba curva generalmente asociada a los dioses. Sobre la espalda cae una gran borla o contrapeso de su ancho e inconfundible collar.

Ptah puede estar de pie sobre un pedestal que se parece tanto a la vara de medir usada por los trabajadores como a uno de los jeroglíficos para la

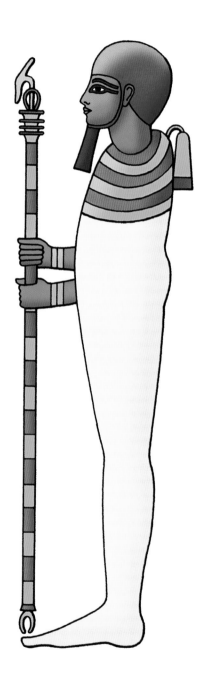

Ptah

palabra *maat* (verdad). También puede estar sobre una estructura escalonada reminiscencia del montículo primigenio o, más frecuentemente, puede estar dentro de una capilla abierta.

En origen fue el dios local de Menfis y se mantuvo estrechamente vinculado a la ciudad, donde estaba su gran templo (redecorado por Ramsés II, tal y como se dice en la inscripción el Gran Templo). La veneración popular por Ptah se extendió por todo Egipto. Hubo un santuario dedicado al dios dentro del recinto del gran templo de Amón en Karnak, y estuvo presente en varios templos de Ramsés II en Nubia. El hijo y sucesor de Ramsés se llamó Merenptah, «Amado de Ptah», que también era un epíteto de su padre Seti I.

Ptah se convirtió en miembro de la «familia» divina de Menfis, siendo su consorte la reina leona Sekhmet y su hijo Nefertem, el dios de la flor de loto que surgió de las aguas primigenias de acuerdo con una versión de los mitos de creación.

El hecho de que Menfis, donde Ptah era el «señor», se convirtiera en la capital cuando Egipto se unificó, ayudó a incrementar su importancia nacional. De hecho, la palabra «Egipto» bien puede derivar indirectamente a través del griego de Hut-ka-Ptah, «el Templo del alma (ka) de Ptah» en Menfis.

Ptah llegó a ser conocido como «el antiguo», combinando en sí mismo al dios primigenio Nun y a su contrapartida Naunet, que representaban las aguas primigenias —y su chispa creativa fue considerada como parte de todas las cosas. De un modo muy sofisticado, se consideraba que Ptah creó el mundo mediante su pensamiento y por su voz de mando.

Debido a la absorción de los atributos de otros dioses del área de Menfis, Ptah también desempeñó en ocasiones el papel de un dios del inframundo, aunque en general se le consideraba más un dios que escuchaba las peticiones de los fieles —era «el oído que oye». A menudo se encontraban santuarios dedicados a Ptah cerca de los templos de otros dioses para que ayudara a transmitir las oraciones a la divinidad del templo.

Ramsés II

Parece que Ramsés II pudo haber sido declarado completamente divino (y no con atributos divinos) —cosa del todo inusual entre los faraones— durante toda su vida, y así se le puede ver en varios de los templos nubios. En esto, puede que Ramsés estuviera siguiendo el ejemplo de su antecesor Amenhotep III en Nubia.

Ramsés II

El hecho de que Ramsés deificado se insertara en varios relieves en Abu Simbel sugiere que este acontecimiento ocurrió algunos años después de subir al trono.

Re/Re-Horakhty

A lo largo de este capítulo el nombre del dios del sol Ra ha sido ineludible —especialmente en combinación con otros dioses o como «padre» de algunos de ellos. Bajo esta forma del sol de mediodía, Ra-Horakhty, fue el dios principal al que se dedicó el templo de Abu Simbel.

Ra aparece bajo numerosas formas, siendo las principales el escarabajo Khepri al amanecer, Horakhty al mediodía, el vespertino Aton y el anciano carnero del inframundo nocturno. También puede ser el disco del sol en sí, protegido por una cobra circundante y a menudo con alas a ambos lados del disco que lo mantienen en el cielo.

Durante su paso por los mares celestiales en su «barca del día» *(mandjet)*, el dios estaba a veces acompañado de su hija Maat u otros dioses; en la noche, el Ra cabeza de carnero entraba en el inframundo en la «barca de la noche» *(mesketet)* hasta que volvía a nacer en el amanecer como Ra-Khepri.

Ra a aparece generalmente solo en templos y tumbas, aunque en varias ocasiones se consideró a Raet y a Hathor como sus consortes.

Los elementos decorativos como los discos solares, los buitres volando y las bandas amarillas pueden referirse al viaje diurno del dios hacia o a través del inframundo, especialmente en tumbas. Tal progresión explicaría el techo del Gran Templo, así como la presencia de discos solares en los dinteles.

Re/Re-Horakhty

Muchas formas arquitectónicas antiguas están relacionadas con Ra, incluyendo la pirámide y el obelisco, y para cuando estas se construyeron por primera vez, el rey había adoptado el título de «hijo de Ra». El dios del sol se había convertido efectivamente en la divinidad estatal suprema de Egipto e íntimamente vinculada con la realeza.

El centro de culto principal de Ra estaba en Heliópolis, aunque era adorado en todo Egipto en grandes y pequeñas estructuras (a veces anexas a templos de otros dioses). En el siglo XIV a. C., una forma especial de Ra-Horakhty, el Aton, se introdujo en el panteón y se convirtió, en un grado discutible, en el único dios durante el reinado de Akhenaton (1377–1337 a. C.), aunque pronto fue descartado en favor de las formas tradicionales del dios del sol en el revitalizado politeísmo que siguió.

Tal fue la longevidad y la notoriedad de Ra que en el período cristiano primitivo los textos de oraciones podían ocasionalmente invocar a Jesucristo, el Espíritu Santo y Ra.

Ra fue un dios universal en quien se incorporaron muchos otros dioses y actuó en los cielos, en la tierra y en el inframundo. Fue el motor primordial en la creación: emergió de las aguas primigenias al principio de los tiempos, y sus lágrimas *(remut)*, en uno de los relatos, creó a los hombres *(remetj)*.

Influyó directamente en la tierra proporcionando calor y luz, y haciendo que los cultivos crecieran. Cada noche se regeneraba durante su viaje por el inframundo, venciendo a su archienemigo, la serpiente Apopis, con la ayuda de los dioses que lo acompañaban.

La creación de la realeza fue concurrente con la creación de todas las cosas. Ra mismo había sido rey en la tierra hasta que fue tan viejo que marchó a los cielos, y sus sucesores —los reyes difuntos— lo acompañaban en su viaje diario.

Satis

La diosa Satis fue protectora de la frontera meridional de Egipto y estaba estrechamente conectada con el Nilo y su crecida.

La diosa se presenta como una mujer luciendo la corona blanca del Alto Egipto, con cuernos de antílope o plumas, y una cabeza de cobra uraeus en el frente. Viste una túnica ajustada y puede sujetar un ankh o un cetro.

Satis se asociaba con la isla de Elefantina en Asuán, donde su templo estaba alineado con la estrella Sirius, que salía hacia la época de la inundación anual del Nilo. De acuerdo con algunas tradiciones egipcias, la crecida comenzaba en esta zona.

Como «señora de Elefantina», Satis fue consorte de Khnum y madre de Anukis, aunque se conocen conexiones anteriores con Montu. Cuando Khnum se identificó con Ra, Satis se convirtió en el «ojo de Ra» y asumió algunas de las características de Hathor.

Sekhmet

Una de las divinidades egipcias más fascinantes, Sekhmet fue la diosa leona principal y concentraba en ella atributos impredecibles, feroces y protectores.

La diosa aparece normalmente como una mujer con cabeza de leona. Luce una peluca larga coronada con

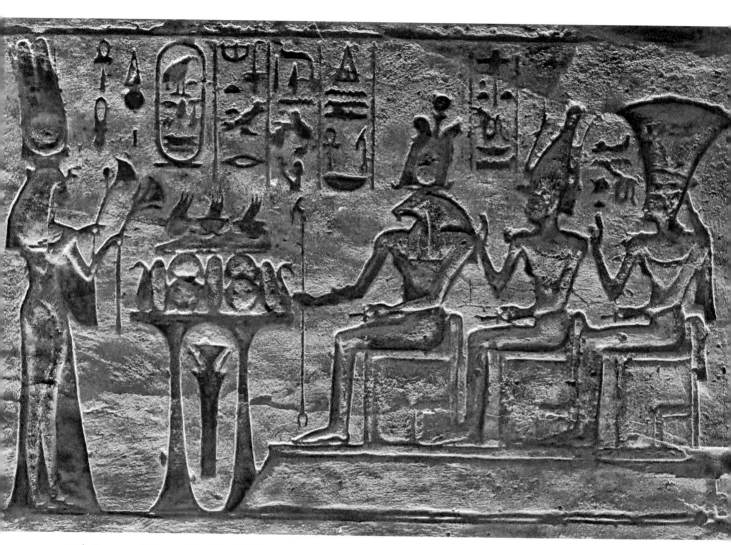

Nefertiry presenta flores a la tríada de Elefantina,
Khnum, Satis y Anukis (lado derecho superior de la
pared a la izquierda de la puerta del santuario en el
Templo Menor).

Sekhmet

un disco solar, y un vestido largo rojo —quizás como símbolo del Bajo Egipto o simplemente de su naturaleza belicosa. Sobre cada pezón lleva una roseta que recuerda las representaciones de la «estrella del hombro» del león en la constelación de Leo. Muy raramente, Sekhmet puede aparecer simplemente como una leona.

Muchas estatuas de Sekhmet —algunas descubiertas por primera vez por Belzoni— fueron encontradas en el templo de Mut, al sur del templo de Amón en el recinto de Karnak, aunque todas fueron llevadas desde el templo funerario de Amenhotep III en la otra orilla del rio, donde se hallaron más. Las estatuas muestran a Sekhmet sentada o de pie agarrando un cetro de papiro asociado al Bajo Egipto.

El centro de culto principal de la diosa estaba en Menfis, aunque fue adorada en muchos lugares tanto por ella misma o como un aspecto de otras diosas. Así, Mut y Sekhmet se fundieron a veces y lucieron ambas las coronas de Egipto.

La diosa fue consorte de Ptah y madre de Nefertem (el dios de la flor de loto que surgió en la creación, y de los perfumes) en Menfis, y estuvo estrechamente relacionada con Hathor. También se vinculó con Pakhet, la patrona leona del Egipto Medio, y con la diosa gato Bastet.

El nombre de Sekhmet significa «la poderosa», en consonancia con su aspecto destructivo. Se la consideraba hija de Ra y un ojo del dios del sol. Uno de los mitos cuenta que cuando Ra, como rey en la tierra, envejeció y la humanidad se levantó contra él, envió a Sekhmet para que los castigara, lo que derivó en la casi total aniquilación de los hombres.

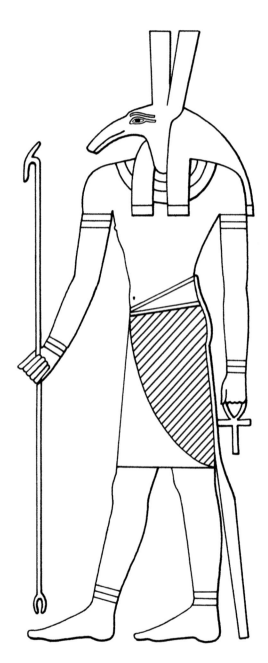

Seth

Su costumbre de exhalar fuego contra sus enemigos hizo que los reyes egipcios la adoptaran como la patrona de las campañas militares. Así, por ejemplo, Sekhmet se convirtió en "la que golpea a los nubios». Los calientes vientos del desierto eran el aliento de la diosa y las epidemias que azotaban al país periódicamente eran los "matarifes de Sekhmet"

En otra faceta, Sekhmet es la madre fiera y maternal protectora del rey. También se la consideró como la diosa que tenía el poder de proteger contra enfermedades y sanar al enfermo bajo su aspecto de «señora de la vida».

Seth

El papel de Seth entre los dioses fue particularmente ambivalente, entre otras cosas porque representaba a las fuerzas del caos y era el asesino de Osiris.

Originalmente se le representó como una criatura con cabeza curva, orejas grandes y rectangulares, y una cola levantada. La criatura podía estar sentada, en pie o tumbada. Con posterioridad, Seth se presenta en forma humana, con la cabeza de esta criatura extraordinaria, tocado de la corona blanca de Alto Egipto o la doble corona. Se le puede encontrar junto a Horus, como imagen simbólica de la unión del Alto y el Bajo Egipto.

Seth estuvo representado por muchos animales ritualmente ofensivos o peligrosos (por ejemplo, el antílope, el asno, el cerdo, el hipopótamo, el cocodrilo y ciertas especies de peces). Hacia el final del Egipto faraónico, el dios Seth desaparece como imagen física y solo se le mencionaba de forma indirecta para que no tuviera oportunidad de causar daño.

El dios tuvo centros de culto por todo Egipto, aunque era considerado como la divinidad patrona del Alto Egipto y contrapeso de Horus en el Bajo Egipto. Su centro de culto más antiguo estuvo en Ombos (la antigua Nubt y moderna Naqada), en la entrada a la ruta del desierto a través del Wadi Hammamat. En efecto, Seth pudo ser en origen una divinidad del desierto que representaba el caos percibido en ese entorno en contraste con el orden en el valle cultivado del Nilo.

Cuando los hiksos gobernaron el norte de Egipto (1650–1535 a. C.), Seth se identificó con Baal, el dios de la tormenta de los cananeos, convirtiéndose en una divinidad principal. Esto pudo derivar en un aumento de su relevancia en el Delta y con la familia Ramsés (incluyendo a Seti I, «el que pertenece a Seth»). Bajo Ramsés II, Avaris, la capital de los hiksos con su templo a Seth, se convirtió en la renovada y desarrollada ciudad de Piramsés.

Seth fue el dios de la violencia, el caos, la confusión, «el rojo», la personificación del mal. El dios era lo opuesto a la armonía de *maat* y representaba la rebelión y la discordia. Acechaba en el inframundo para atrapar las almas de los difuntos, y estaba detrás de la enfermedad y las dolencias, el malestar y la invasión. Sus manos provocaban tormentas, mal tiempo y el embravecimiento del mar.

Y, sin embargo, Seth también fue el dios de la fortaleza, la astucia y la protección. Su cetro pesaba 2000 kilos (4500 libras) y era el señor de los metales. El hierro, el metal más duro conocido en el Egipto antiguo, era llamado «los huesos de Seth». De ahí que muchos reyes se asociaran con su fuerza — por ejemplo, se decía que Ramsés II luchó como Seth en le batalla de Kadesh.

Esa fuerza, junto con la de Horus, se consideraba como unificadora de las dos tierras de Egipto, y era la fuerza y la astucia de Seth la que derrotaba a Apopis cada noche en el inframundo para que Ra pudiera elevarse de nuevo cada día.

Además, Seth podía ser invocado en la vida cotidiana, como hizo Ramsés para que amainaran las tormentas que impedían a la novia hitita entrar en Egipto.

Seshat

Seshat fue la diosa de la escritura y los registros en todas sus formas, y la patrona de las bibliotecas de los templos y otras bibliotecas. La diosa se presenta con forma humana y a menudo viste la piel de leopardo de un sumo sacerdote sobre el vestido. Como tocado lleva una banda anudada en la parte de atrás de la cabeza, con un emblema alto, de significado desconocido, con forma de estrella de siete puntas o roseta sobre una vara y rematado por un arco o creciente (☥), a veces completado con un par de plumas de halcón.

La diosa agarra normalmente la nervadura de una hoja de palmera sobre la que hace muescas por los años que pasan; en la base, el jeroglífico *shen* para infinito (◯). Seshat se asocia a veces a las ceremonias de fundación de templos junto al rey. En este papel, lleva un mazo y una estaca y mantiene tensa la cuerda de medir para marcar el edificio.

Seshat es conocida desde los tiempos más antiguos de la historia de Egipto, particularmente en la ceremonia de «estirar la cuerda» asociada con la construcción del templo, aunque parece que nunca tuvo un templo propio. La diosa fue conocida como «señora de los constructores».

También estuvo relacionada con todas las formas de contabilidad, ya fuera de animales, cautivos extranjeros, o la población egipcia en los censos oficiales. Fue Seshat la que registraba los años de reinado del rey, y sus jubileos, en las hojas del sagrado *ished* o árbol *persea*.

La diosa se asoció muy a menudo con Thot como su consorte, hermana o hija.

Taweret

El nombre de Taweret, «la grande», se remonta a los primeros tiempos del Estado egipcio. Fue la diosa protectora del embarazo y el parto.

Taweret aparece generalmente como un hipopótamo en pie, muy embarazada y con pechos caídos. Luce una peluca, con un tocado de plumas, una corona cilíndrica baja *(modius)*, o cuernos, y un disco solar. Su boca está habitualmente abierta, con los labios hacia atrás para enseñar los dientes, posiblemente como un signo de protección. Lleva el símbolo *sa* de protección (𓊃, una lazada que representaba el sol elevándose sobre el horizonte) y un ankh. También puede portar una antorcha para disipar la oscuridad y los demonios.

La diosa puede aparecer con cabeza de gato o de mujer o, como en el Templo Menor, con forma completamente humana.

Algunas veces estuvo muy relacionada con Isis o Hathor (cuyos tocados puede lucir). Como a veces se representaba a Seth como un hipopótamo, Taweret podía considerarse su consorte, aunque también era la esposa de Bes (un dios complejo conocido por su

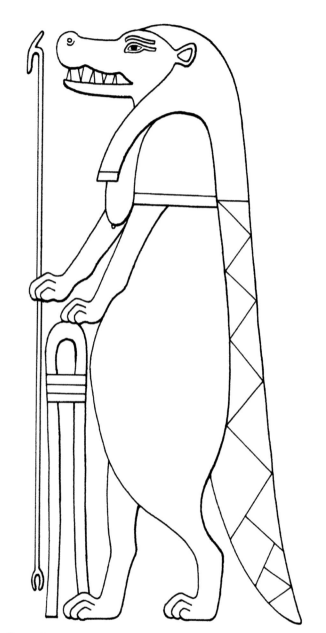

Taweret

protección a los niños, las mujeres embarazadas y las parturientas).

Naturalmente, el papel protector de Taweret la convirtió en una diosa popular en toda la sociedad egipcia y en el mundo mediterráneo.

Tefnut

Tefnut era la hija de Atum y hermana/esposa de Shu, y aún así muy enigmática. Se representó a menudo como una leona o una mujer con cabeza leonina, aunque también puede aparecer con forma completamente humana. Luce una larga peluca y un disco solar con una cabeza de cobra (uraeus).

Los centros de culto principales estaban en Heliópolis y Leontópolis (la moderna Tell al-Muqdam) en el Delta, donde se la adoraba con Shu como una pareja de leones.

Tefnut fue la diosa de la humedad, aunque pudo haber desempeñado otros papeles más profundos, incluida la representación de la atmosfera del mundo inferior de la misma manera que Shu lo representaba en el mundo superior.

Bajo la forma de leona, Tefnut era un «Ojo de Ra», aunque en un mito también se peleó con el dios sol.

Thot

Thot (Djehuty en egipcio antiguo) fue una divinidad lunar muy antigua asociada con la escritura y el conocimiento.

El dios se representaba generalmente como un hombre con cabeza de ibis, como un babuino o como un ibis. A diferencia de los babuinos que adoran al

Thot

sol y que rematan la fachada del Gran Templo en Abu Simbel, Thot en su forma de babuino se muestra sentado, descansando sobre sus nalgas, y con los brazos apoyados en las rodillas. A veces luce un disco lunar y un creciente en la cabeza. Bajo la forma de ibis, puede estar sobre una percha.

Su consorte fue Nehemetawy (una diosa menor adorada en los templos de Thot y a menudo representada amamantando a un niño sobre su regazo), pero también se le asoció con la diosa de la escritura Seshat, que a veces es su consorte o hija.

El centro principal de culto de Thot fue Khemnu (la griega Hermópolis, la moderna Ashmunein) —aunque es posible que su veneración comenzara en el Delta— y los lugares asociados con él se extienden desde el desierto Líbico (Occidental) hasta la península del Sinaí.

Las asociaciones reales con el dios son evidentes en los nombres de algunos faraones, incluyendo Thutmosis («nacido de Thot»), pero la veneración más generalizada del dios queda patente en los miles de ibis y babuinos momificados en el Ibeum cerca de Hermópolis y en Saqqara.

Thot cruzaba el cielo junto a Ra y su hijo. Otros dioses viajaban en el «ala» de Thot en el «río» de los cielos. En su aspecto lunar, se le colocaba frecuentemente en yuxtaposición a Ra, como el «sol nocturno».

Thot protegió y sirvió a Osiris, y a menudo actuó como mensajero entre los dioses, logrando la reconciliación entre ellos. Quizás este último aspecto estaba relacionado con la creencia de que Thot inventó la escritura.

El dios fue el escriba de los dioses y registró sus palabras divinas y los documentos. Como «señor del tiempo» y «el que calcula los años», mantuvo el cálculo del paso del tiempo y se le puede ver asignando largos reinados a los reyes de Egipto.

Su labor de registro se extendió al inframundo, y se le encontraba ante las escalas que pesaban el corazón del difunto contra la pluma de Maat anotando el resultado. En esto, y en todo, Thot tenía fama por su integridad y verdad.

Todas las áreas de conocimiento estuvieron bajo su patrocinio así que, como era de esperar, Thot supervisó la magia y mantuvo secretos que eran desconocidos para los otros dioses.

4 | LA SALVACIÓN DE ABU SIMBEL

De todas las suertes posibles que podrían haber c aído en los templos de Abu Simbel —incluyendo un ataque, un terremoto, acabar enterrados o simplemente el deterioro por el paso del tiempo— el más improbable en toda su historia sería el de quedar cubiertos de agua.

El 96% de Egipto es desierto, y la mayor parte de la población ha vivido siempre en el restante 4%. El comentario de Heródoto tan citado sobre el delta del Nilo, que era «el regalo del río», se ha usado con frecuencia para describir todo el país.

No sorprende, por tanto, que hacia finales del siglo XIX la población de Egipto estaba superando rápidamente sus recursos agrícolas y que el país no podía permitirse perder tierra cultivable durante los meses de verano, ni tampoco poner en peligro a la industria del algodón moderna por los efectos de la variabilidad anual de la inundación —una crecida demasiado alta o demasiado baja ha supuesto los mismos problemas durante siglos para Egipto. En consecuencia, se tomó la decisión de intentar regular la crecida del Nilo mediante la construcción de una presa en la Primera Catarata en Asuán (entre 1899 y 1902).

Esa primera presa de Asuán nunca tuvo la intención de almacenar el agua de la inundación de una temporada a otra, sino simplemente regular la crecida del Nilo mediante 180 compuertas. Además, la altura de la presa fue deliberadamente limitada debido a la preocupación por el templo de Filé situado justo al sur.

Aunque la presa original funcionó bien, el uso superó pronto la capacidad del embalse y la altura se elevó 5 metros (16 pies) entre 1907 y 1912, y otros 9 metros (30 pies) entre 1929 y 1933.

A pesar de los peritajes arqueológicos llevados a cabo antes de cada subida del muro de la presa, algunos templos quedaron parcialmente sumergidos durante la mayor parte del año y necesitaron trabajos de consolidación para fortalecerlos. Además, muchas aldeas nubias, que dependían de la estrecha franja de tierra cultivable en las riveras del río, comenzaron a desaparecer bajo las aguas. Sus habitantes acabaron siendo desplazados a Asuán y más allá.

Hacia 1947, la población de Egipto era de unos 20 millones, más del doble que cuando se construyó la primera presa, y la producción agrícola del país estaba de nuevo en peligro de no poder mantener el ritmo. En consecuencia, en 1954, poco después de que Gamal Abdel Nasser llegara al poder, se decidió construir una presa más alta, 7 kilómetros (4 millas) corriente arriba de la primera, basado en un diseño alemán y financiado por varios países occidentales.

La promesa de asistencia financiera se retiró en 1956 debido a la negativa de Nasser de dejar de comprar armamento al bloque del Este. En represalia, Nasser nacionalizó inmediatamente el Canal de Suez y se dirigió a la Unión Soviética en busca de apoyo, que se entregó en forma de un sistema de crédito que aseguraba la nueva gran presa y 2000 ingenieros y técnicos, que trabajarían junto a 30 000 obreros egipcios.

La primera piedra de la nueva presa se puso en enero de 1960 y marcaba comienzo de una estructura de 3600 metros de largo y 100 metros de alto (11 810 pies de largo y 328 pies de alto). La presa consistía en un núcleo de arcilla, con relleno de piedra y arena, y recubierta de hormigón, representando 17 veces el volumen del material usado en la construcción de la Gran Pirámide de Giza.

El embalse —conocido hoy como Lago Nasser— se extendería 500 kilómetros (310 millas) hacia el sur (una parte relativamente pequeña en Sudan), y un ancho que variaría entre 5 y 35 kilómetros (3 y 22 millas), siendo el ancho medio de 10 kilómetros (6 millas). El mundo arqueológico vio de inmediato el peligro para muchos yacimientos emplazados durante siglos junto al canal del rio.

Desde 1955, la UNESCO (la Organización de las Naciones Unidas para la Educación, la Ciencia y la Cultura) y el Centro de Documentación sobre el Egipto Antiguo de Egipto cooperaron para registrar los yacimientos arqueológicos en Nubia y se dieron rápidamente cuenta de que los efectos de la presa serían catastróficos para el patrimonio cultural.

Como resultado, en 1958, el embajador estadounidense en Egipto, Raymond Hare, y el director del Museo Metropolitano, James Rorimer, contactaron al ministro de cultura de Egipto, Tharwat Okasha, para averiguar si los Estados Unidos podrían comprar uno o dos de los templos amenazados al gobierno egipcio. El Dr. Okasha, también muy preocupado por el potencial desastre, se vio impulsado a desarrollar planes para el posible rescate de los 17 templos entre Asuán y Wadi Halfa.

A principios de 1959, Okasha propuso que la UNESCO debía organizar una operación internacional financiada por Egipto y por una campaña internacional de financiación. El director general de la UNESCO, Vittorio Veronese, aceptó inmediatamente y el presidente Nasser hizo lo mismo al acordar que Egipto financiara un tercio del coste.

El plan resultante constaba de tres partes: el registro de todos los monumentos en el área amenazada; la excavación, o re-excavación, de todos los yacimientos arqueológicos conocidos; y el traslado de todos los templos amenazados a un emplazamiento seguro. Este plan fue de nuevo apoyado por la UNESCO.

En 1960 comenzaron los trabajos de salvamento —incluyendo el desmantelamiento de los templos de Debod y Taffeh, que estaban almacenados en la isla de Elefantina en Asuán— pero Abu Simbel era la prioridad, así como mover los templos en Filé a un lugar seguro.

El gobierno egipcio se comprometió a aportar 3,5 millones de libras egipcias, en un plazo de 7 años, para rescatar los templos de Abu Simbel, y la UNESCO comenzó el proceso de establecer cooperación y asegurar el apoyo financiero para el proyecto.

Los ingenieros franceses sugirieron dejar los templos en su lugar y construir un muro alto de hormigón en frente, pero el ingeniero italiano Piero Gazzolo, a través de la compañía de ingeniería Italconsult, propuso transferir los templos a un emplazamiento más alto. Una forma modificada de la idea de Gazzolo (sugirió mover los templos en una pieza) se aceptó, y el 20 de junio de 1961 la compañía de ingeniería sueca Vattenbyggnadsbyrån (VBB), que había retocado el plan italiano, recibió la concesión del contrato para emprender el trabajo. VBB estimó el coste en 36 millones de dólares; el coste final fue de 40 millones. Un consorcio internacional de constructores, Joint Venture Abu Simbel, llevó a cabo los trabajos.

El plan aceptado era aparentemente simple: cortar el templo en grandes bloques, transferirlos a una zona de almacenaje y reconstruir el templo por encima del nivel del lago en un entorno apropiado. Además, los templos tenían que ser reconstruidos exactamente con la misma configuración, alineamiento a los puntos cardinales y distancia uno de otro.

Cuando los trabajos empezaron en 1964, lo primero fue proteger los templos de las ya crecidas aguas del lago (un incremento vertical medio en Abu Simbel de 8 metros [26 pies] en 1964, y otros 5 metros [16 pies] en 1965). Había un peligro muy real de que las aguas dañaran severamente a los templos antes de que pudieran ser completamente desmantelados en 1966.

Se construyó un dique delante de los templos y el constante bombeo mantenía el agua bajo control. Además, se insertaron andamios de acero dentro de cada templo, las fachadas se cubrieron con arena de protección y unas pantallas de acero, y se insertó un pasadizo de acero para acceder al Gran Templo.

Toda esta protección, especialmente la estructura de hierro dentro de los templos, fue esencial ya que los acantilados por encima se iban a quitar completamente antes de que los templos fueran cortados en bloques.

El equipo disponible en el terreno no permitía que los bloques cortados de las salas de los templos excedieran las 20 toneladas métricas (21 toneladas), y los de la fachada las 30 toneladas métricas (33 toneladas). Mientras que los visitantes pueden pensar que están rodeados de roca sólida en los templos, los muros del templo reconstruido tienen sólo 80 centímetros (32 pulgadas) de grosor, y los de la fachada entre 60 y 120 centímetros (24 y 47 pulgadas).

Página anterior: Cuadrillas de
trabajadores usando sierras largas
para cortar la parte superior de la
fachada del Gran Templo.

Traslado de la cara de Ramsés
II en una sola pieza desde la
fachada del Gran Templo.

Los ingenieros y arqueólogos decidieron donde se debían hacer los cortes, teniendo en cuenta los riesgos de fractura en los bloques alargados y muy pesados. El proceso fue guiado por dibujos detallados de los templos y cada bloque fue meticulosamente planeado —no se podía hacer ningún corte en las caras de las estatuas o en las partes complejas de las superficies decoradas.

Allí donde los cortes serían visibles, se trabajó con sierras manuales para conseguir un ancho de unos 8 milímetros (0,3 pulgadas). Donde los cortes no se verían —detrás de los bloques— se usaron sierras mecánicas. Tal y como los egipcios antiguos lo hubieran hecho, los bloques del techo se dividieron mediante perforaciones y fracturas.

Cuando los bloques quedaban libres, se insertaban de dos a cuatro varillas de hierro en la parte superior de cada pieza que permitía levantarlos sin que el equipo entrara en contacto con la piedra. Cada bloque se depositaba en un camión de plataforma, se transportaba a un área abierta de almacenaje (tan sólo una vez durante todo el proceso hubo una tormenta de lluvia), y luego de movieron al nuevo emplazamiento del templo para ser depositados en su posición final.

Ningún bloque se perdió o sufrió daño alguno salvo superficial.

La posición final de los templos entre ellos se mantuvo igual —aunque ambos templos se movieron 208 metros (682 pies) al noroeste. El Gran Templo estaba ahora a 65 metros (213 pies) por encima de su posición original, y el Templo Menor a 67 metros (220 pies).

Los muros y las fachadas ensambladas de nuevo se sostienen básicamente solos, aunque están apuntalados por la parte de atrás con estructuras de hormigón (excepto detrás de la fachada inclinada, estas estructuras no aguantan peso). Las paredes y columnas se sostienen solos también, aunque están apuntaladas al techo, y los techos están fijados a una estructura de hormigón superpuesta a la que los bloque se agarran por unas barras de anclaje con muy poca separación entre una y otra.

En las etapas finales, los restauradores del Departamento de Antigüedades Egipcio rellenaron los huecos entre los bloques con un mortero de arenisca natural ligado con resina, cal o cemento.

Ambos templos se cubrieron con cúpulas de cemento que descargaban la presión de las colinas artificiales que tenían por encima, permitían a los ingenieros y arqueólogos inspeccionar y reparar la parte de detrás de las estructuras, y facilitaban la iluminación y ventilación de los templos. La ventilación, en particular, aporta un ambiente agradable al visitante a la vez que minimiza la humedad potencialmente dañina. La cúpula más grande sobre el Templo Mayor tiene un ancho libre de 24 metros (79 pies) y una altura de 20 metros (66 pies).

La etapa final del proyecto fue colocar los templos rescatados en un entorno apropiado que recordara, pero no copiara, la ubicación original. En esta etapa, los fondos asociados con el proyecto de Abu Simbel comenzaron a agotarse, lo que significó que los ingenieros tuvieron que aplicar casi el mismo ingenio al paisajismo que al ensamblaje de los templos en el nuevo emplazamiento.

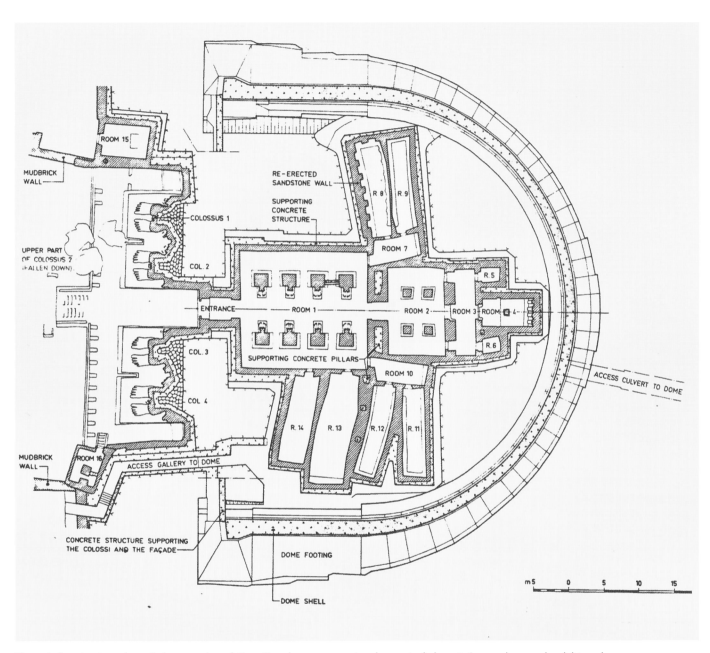

Plano de la estructura abovedada que cubre el Gran Templo y que muestra el soporte de hormigón para las paredes del templo.

Las caras de los acantilados que rodean a los templos se construyeron con bloques de arenisca y los huecos se rellenaron con mortero que se asemeja a los bloques de los templos. Además, fueron cincelados a mano para que parecieran roca natural (y después, con la ayuda de las tormentas de arena nubias).

La parte trasera de las estructuras de los templos también supuso un desafío. Después de varios intentos de prueba, los ingenieros de VBB decidieron que en un área tan grande no sería posible recrear un paisaje desértico de aspecto natural, por lo que diseñaron colinas estilizadas que no afectaban a las características principales de los templos que los visitantes acudirían a ver.

El trabajo de ensamblaje de los templos, que había comenzado el 26 de enero de 1966, finalizó con la colocación del último bloque de la fachada del Gran Templo el 9 de septiembre de 1967, 14 días antes de la fecha prevista.

El nuevo emplazamiento de los templos se inauguró el 22 de septiembre de 1968 en presencia del presidente Nasser y numerosos dignatarios nacionales e internacionales.

Plano para cortar la fachada del Gran Templo sin atravesar características arquitectónicas fundamentales.

CRÉDITOS DE LAS IMÁGENES

Planos de los templos: Franck Monnier

Dibujos: Dominique Navarro

Mapas: Cherif Abdullah/AUC Press

Planos en las páginas 85 y 86 cortesía de Sweco AB.

Jeroglíficos insertados en el texto con EZGlyph Pro

Imágenes del autor excepto las procedentes de la colección digital de la Biblioteca Pública de Nueva York en las páginas 3 y 24–25, y las aportadas por Sweco AB en las páginas 82–83.